PROGETTO E COSTRUZIONE SOSTENIBILE
Collana ideata e diretta da
Fernanda Cantone

PROGETTO E COSTRUZIONE SOSTENIBILE
Collana ideata e diretta da *Fernanda Cantone*

Volumi pubblicati:

1. Fernanda Cantone, Salvatore La Delfa, *L'architettura del cantiere*

FACOLTÀ DI ARCHITETTURA
DI SIRACUSA

Traduzione di Stefania Leonardi

Immagini di Luca Tringali

ISBN 978-88-492-2500-6

In copertina: Particolari di Ortigia. Elaborazione grafica e fotografica di Luca Tringali.

Fernanda Cantone

PIETRA E INTONACO
Un osservatorio per le superfici esterne di Ortigia

STONE AND PLASTER
Observatory for external surfaces of Ortigia

presentazione di
presentation of
Gabriella Caterina

GANGEMI EDITORE

È molto difficile esprimere in poche parole i doverosi ringraziamenti per chi mi ha aiutato in questo lavoro.
La professoressa Gabriella Caterina mi ha visto muovere i primi passi nel mondo universitario ed è stata un punto di riferimento, un esempio, un affetto. Poche parole per esprimere la mia gratitudine: grazie di tutto.
Luca Tringali ha intuito perfettamente ciò che serviva alla pubblicazione e le sue fotografie ne sono la prova. La materia diventa la protagonista del libro. Le suggestioni che creano le sue immagini vanno ad avvalorare la tesi della necessità di una rivalutazione del tempo passato, dei trascorsi, delle ruderizzazioni.
Grazie a Salvatore La Delfa per avere completato il quadro della conoscenza con i suoi studi e le sue sperimentazioni sui materiali di Ortigia.
L'ultima ad essere citata non può che essere la persona a cui questo libro è dedicato, mia madre, che silenziosamente ne ha seguito la costruzione e che non ringrazierò mai abbastanza perché c'è stata e c'è, con la sua grande forza, il suo esempio, il suo immenso affetto.

A Carmen

Indice

Presentazione

Gabriella Caterina

Osservare fenomeni ed effetti, indagare sull'uso dei beni edilizi, controllare e valutare gli esiti degli interventi di recupero, rappresentano, oggi, i presupposti per definire il quadro della conoscenza sulle condizioni di stato del costruito. Tale conoscenza se, riferita al concetto di spazio urbano definito dal rapporto materiale/immateriale attribuisce alla materia un ruolo determinante nella definizione dei caratteri identitari e nella configurazione delle diversità. Questa interpretazione rimanda al termine "art de bãtir" di origine francese che riprende, in un certo senso, il significato greco della techné (teoria – arte – scienza) per riaffermare la necessità del progetto sperimentale indispensabile alla produzione dei beni materiali. Ritornare, quindi, ad analizzare la materia come fonte principale di conoscenza significa riportare l'attenzione sui luoghi urbani come espressioni di cultura materiale. Il testo di Fernanda Cantone focalizza "la pietra e l'intonaco" come manifestazioni qualificanti ed identitarie di un costruire legato a specifiche epoche e a determinati luoghi. Il tempo e lo spazio sono proposti come strumenti di osservazione di superfici, forme e volumi che mutano al passare del tempo. La tesi che il libro propone è la necessità di leggere la materia nel tempo e quindi dare valore alle mutazioni, alle variabili più che ai caratteri costanti. L'immagine e la percezione degli elementi costruttivi di un centro antico devono restituire il senso della storia, dei valori degli eventi trascorsi, delle trasformazioni, dei cambiamenti sociali. Perdere totalmente il concetto del tempo significa cancellare la memoria e non riuscire più a restituire i valori che pur si dice di voler tutelare. Un nuovo manto protettivo, una pietra liberata dalle patine del tempo eliminano un passato doloroso, rivalutano economicamente un bene, ma cancellano la sua storia e non riescono a coesistere nello stesso aggregato urbano. Partendo da questo interessante punto di vista, l'autrice propone un osservatorio come luogo di

conoscenza e di sperimentazione per legittimare le scelte di intervento. L'ambito operativo è l'isola di Ortigia a Siracusa che offre una ricchezza di materiali e di soluzioni costruttive. La conoscenza della materia diventa estremamente importante per riaffermare la tesi che l'immagine dell'edificio richiede di essere valorizzata attraverso l'enfatizzazione della forma e dei segni del tempo che è trascorso. In questo senso l'intervento sulle superfici esterne propone una sfida tra il vecchio e il nuovo e apre a soluzioni tecnologiche non solo legate ad una maggiore efficienza e/o durabilità. La tecnologia deve misurarsi con i significati acquisiti con il passare delle stagioni, con i valori da tutelare, con un mondo immateriale che, forse, può indicare nuove soluzioni tecniche di intervento. Il libro individua questioni aperte e attraverso esempi di interventi realizzati, costruisce un discorso critico quale strumento fondante del progetto di intervento. Nel rapporto trasformazione / conservazione l'intervento si spoglia delle "ragioni tecniche" e introduce concetti quali "raziocinio, sensibilità, passione" poco codificabili ma, forse, in grado di interpretare ed esprimere la percezione della forma e di memorizzare schemi e anomalie. In sintesi, se gli edifici sono testimoni del nostro rapporto con il tempo e, in particolare, del rapporto simultaneo con il passato e il futuro, l'intervento di recupero deve essere guidato da regole dettate dal tempo e connotato dalla volontà di agire in equilibrio tra nuove tecniche e tempo trascorso. L'osservatorio proposto può rappresentare uno sguardo con occhi diversi su un patrimonio che deve essere conservato, riqualificato e valorizzato.

Presentation

Gabriella Caterina

Observing phenomena and effects, investigating the use of the building goods, checking and judging the results of the recovering interventions, represent, today, the premises to define the frame for the knowledge of the conditions of the built. This knowledge, if related to the urban space defined by the relationship material/immaterial gives to the material a determining function in the definition of the identity characters and in the configuration of the diversity. These interpretations reminds of the "art de bãtir" of French origin that refers, in a certain way, to the Greek meaning of the techné (theory – art – science) to reassert the necessity of the experimental project necessary for the production of material goods. Coming back, thus, to the analysis of the material as main source of knowledge means to bring the attention to the urban spaces as expressions of a cultural material. The texts of Fernanda Cantone focus on "the stone and the plaster" as qualifying and identity manifestations of the building connected to specific times and determined places. The time and the space are proposed as instruments of surface, shape and volume observations that change as the time passes. The thesis that the book proposes is about the necessity of reading the material in the time and, thus, of giving worth to the changes, to the variable more than to the constant characters. The image and the perception of the building elements of the old urban centre have to give back the meaning of the history, of the values of the passed events, of the transformation, of social changes. Losing totally the concept of time means erasing the memory and not managing any more to give back the values that need to be protected. A new protective layer, a stone freed from the veils of time cancels a hurting past, they reconsider economically a good, but they erase its story and they can't coexist in the same urban aggregate. Starting from this interesting point of view, the author proposes an observatory as place of knowledge and of experimentation to legitimate the choices of the interventions. The operative area is Ortigia island in Syracuse that offers a richness of materials and building solutions. The knowledge of the material becomes extremely important to reassert the thesis that the image of the building wants to be improved through the emphasizing of the form and of the signs of what passed. In this sense, the interventions in the external surfaces propose a challenge between the old and the new and it opens to technological solutions not linked to a more efficiency and/or durability. The technology shall measure itself with the meanings acquired with the passing of the seasons, with the values to protect, with an immaterial world that, may be, can point out new technical solutions of interventions.

The book detects open questions and, by examples of realized interventions, it builds a critical speech as fundamental instrument of interventions in the project. In the relationship of transformation/preservation the intervention leaves the "techical reasons" and introduces concepts like "Common sense, sensitivity, passion" not encoded but, may be , able to interpret and express the perception of the shape /form and memorize modules, anomalies. In sinthesis the buildings are witnesses of our time and with the time and, in particular, the simultaneous relationship between the past and the future, the interventions of the recovery action should be guided by rules established by the time and connotated by the will of acting in a balance between new techniques and passed time. The observatory proposed can represent a different look with different eyes , an heritage that should be preservated , redevelopped and increased.

Introduzione

Scoprire è la capacità di lasciarsi
disorientare dalle cose semplici.
Noam Chomsky

La straordinaria capacità dell'uomo di innovarsi è evidente nelle infinite forme dell'edilizia storica, frutto dell'evoluzione di idee, concezioni, modi di vita. Essa connatura lo spazio urbano e vive e si trasforma in funzione del tempo che passa. In questo, i concetti di spazio e tempo si integrano a vicenda per esprimere il carattere di trasformazione della società.

Lo spazio contemporaneo, caotico e affollato, suggerisce modi di vita sempre più rarefatti, più limitati e limitativi. Non si deve più solo rispondere alle primordiali necessità di riparo, ma a esigenze sempre più complesse che richiedono modi di vita e d'uso dello spazio altrettanto articolati.

Lo spazio urbano contemporaneo è scandito da edifici nuovi, frutto di sperimentazione progettuale e tecnologica, ma anche di costruzioni esistenti da secoli. Esso è caratterizzato dal tempo che passa, che lo definisce, lo trasforma, lo configura.

Il tempo e lo spazio, divenuti strumenti di osservazione, individuano superfici, forme, modalità, distanze e volumi[1] che, col passare delle stagioni, acquistano altri significati e consistenze. In particolare il tempo produce cambiamenti nella materia, trasforma le superfici e suggerisce le risposte per conservare, trasformare, riqualificare.

L'idea del mantenimento della cultura e della tradizione potrebbe suscitare perplessità perché rimanda ad un mondo di convenzioni e vincoli[2] e limita l'espressività contemporanea. Le tradizioni però appartengono a noi ed al nostro passato e, come tali, possono far da guida al presente, per restituire l'architettura esistente ai fruitori.

La cultura contemporanea esprime i valori di una società che rispetta i valori del passato, che palesa le proprie manifestazioni su bisogni e consumi, che si trasforma velocemente. Questa società pone il bene edilizio al centro del suo interesse. I beni edilizi sono fatti di cultura materiale e di quella conoscenza, tramandata di padre in figlio, che per lungo tempo è stata il sostegno dell'architettura. Essa può diventare terreno per risperimentare quanto ci è stato trasmesso, per utilizzare soluzioni tecnologiche e distributive che miglioravano la vivibilità. Il recupero di tale patrimonio significa rispetto per il territorio, per l'ambiente, per il paesaggio e per le popolazioni. In questo

Fig. 2 – Pietra e intonaco, Ortigia.

senso l'edificio e le sue superfici esterne diventano campo di indagine per dare forza alla materia e alle sue trasformazioni.

L'edificio è strettamente legato al passato, un passato visto come un insieme di cultura, tecnica ed esperienza il cui valore diventa obiettivo primario, in funzione della conservazione dell'ambiente urbano e del territorio. È proprio il rispetto per il territorio che ha dettato alcune importanti disposizioni in materia di beni edilizi.

Dalla carta di Cracovia[3] in poi il tema dell'identità urbana diventa di importanza internazionale perché sancisce il riconoscimento della tutela delle diversità locali e indirizza verso strumenti di controllo e conservazione. Già alcuni anni prima, all'interno del dibattito culturale sul recupero del patrimonio edificato, era emersa, forte, l'esigenza di individualità del bene edilizio, esigenza espressa da ipotesi di progetto, sensibili ai caratteri identitari del costruito, alla loro materia, alla tecnologia, all'uso, alla struttura. Sono questi i termini che riconoscono il principio del "caso per caso", dell'individualità dell'edificio e della sua collocazione all'interno di un contesto specifico.

Da tempo, ormai, i processi di valorizzazione e recupero investono l'edilizia storica nella sua prassi operativa con una serie di questioni di ordine culturale e tecnologico: si tratta infatti di comprendere, caso per caso, i limiti delle trasformazione definiti dal progetto. Le strategie progettuali per il recupero, fondate sul concetto di tutela attiva che individua nel vincolo la "cultura del limite"[4], mirano al governo delle trasformazioni, a valutazioni tecnologiche circa l'estensione e l'importanza degli interventi.

Laddove la società, seppur legata ad una logica consumistica, basa le sue azioni sullo sviluppo della conoscenza scientifica, tecnica, amministrativa e razionale[5], vengono determinati cambiamenti nell'apparato concettuale e nella vita quotidiana. Essi producono effetti sui beni edilizi, sul modo di concepirli, di osservarli, di viverli. Conoscere significa riuscire a trarre soluzioni adeguate per recuperare il passato senza snaturare il tempo trascorso, significa riuscire ad intervenire con sensibilità, limitando le trasformazioni e dando spazio alla conservazione.

Il concetto di conservazione non si riferisce esclusivamente alla mantenimento delle qualità superficiali, dell'esteriorità, della *facies*, ma si ascrive ad un più ampio complesso di idee, relative alla consapevolezza del valore documentario, culturale, sociale e storico di un bene edilizio.

Non si possono però dimenticare le esigenze del vivere quotidiano e i cambiamenti sociali. In questo senso, il mondo di oggi sollecita la visione del costruito e rivendica il valore delle architetture solo se «traversate dai riflessi del futuro»[6] e come tali contraddistinte da tre elementi: "la tecnica" che definisce una determinata forma d'arte, "gli effetti" ottenuti dalla forme d'arte tradizionali, "le impercettibili modificazioni sociali" che tendono a trasformare la ricezione delle percezioni. L'utilizzare una sola delle tre componenti ha portato a fenomeni autoreferenziali di difficile collocazione perché vivere in un mondo globalizzato significa affrontare problemi complessi, problemi che non si risolvono solo da un punto di vista univoco, sia esso tecnico o percettivo[7]. In altre parole ciò significa impedire all'edilizia di appiattire e uniformare quanto è stato costruito nel passato, impedire che la memoria e i caratteri di ogni bene edilizio siano universali e non particolari. Ogni oggetto architettonico ha una storia, ha un corpus materico, ha un vissuto da potenziare.

Il problema complesso del recupero viene affrontato attraverso molti strumenti, in alcuni casi complessi, tra cui la percezione della forma.

Fig. 3 – Elementi decorativi in pietra, Ortigia.

La percezione diviene strumento selettivo per l'individuazione dei caratteri di insieme e dei particolari, delle emergenze e delle differenze, della materia e della tecnica.

Dice Augé:

«per la natura virtuale, i restauri – come le ricostruzioni, le riproduzioni, i simulacri – appartengono al campo dell'immagine: essi si conformano all'immagine, sono l'immagine delle realtà lontane o scomparse a cui si sostituiscono»[8],

L'immagine dell'edificio richiede di essere valorizzata, di far emergere la sua essenza, di enfatizzare la sua forma, di percepire i suoi caratteri.

Immagine e forma, due elementi che richiamano direttamente le teorie della percezione, come caratteristica di un oggetto edilizio rappresentato nel suo insieme, nella sua unità,

«come configurazione che implica l'esistenza di un tutto che struttura le proprie parti in modo razionale»[9],

come schema di relazioni invariabili tra determinati elementi. L'approccio "costruttivista", sostituito ad uno gestaltico, si basa sul principio del "minimo" e dichiara che la percezione di figure e oggetti

«si fonda sull'accumulo di predizioni e di test sul significato dei bordi – predizioni ... fondate sulla diversa ripartizione dell'informazione e della ridondanza all'interno della figura e sulle aspettative dello spettatore»[10].

In altre parole, la società è stata abituata a coltivare la percezione della forma, a individuare elementi di rilievo e di contorno, a memorizzare schemi e anomalie, ad interpretarli e ad

Fig. 4 – Particolare del rivestimento lapideo della chiesa di san Giuseppe, piazza san Giuseppe Ortigia.

Fig. 5 – Paramento murario delle fortificazioni di Ortigia.

esprimere opinioni su quanto acquisito. Sono questo tipo di osservazioni a fare da guida al processo di riconoscimento dei valori del bene edilizio.

I beni edilizi sono

«testimoni del nostro rapporto con il tempo e in particolare del rapporto simultaneo con il passato e il futuro che, quando è condiviso, definisce una forma di contemporaneità»[11],

e per questo la buona riuscita di un intervento di recupero si misura in funzione delle relazioni stabilite, relazioni di tipo simbolico, tecnologico, sociale.

La nostra società non è mai progredita così in fretta, correndo a ritmi vertiginosi, così come la scienza e la tecnica. Siamo di fronte a cambiamenti sociologici ed antropologici che riguardano l'urbanizzazione del mondo ed in questo i beni edilizi non possono essere messi da parte, ma devono esprimere il loro valore e la loro presenza forte attraverso l'immagine e attraverso effetti, aspetti e motivazioni del sistema edilizio esistente. Nell'esistente, il sistema sociale non vede la storia ma l'impossibilità di immaginare quello che erano i beni edilizi quando erano vissuti, fruiti.

«Non ... la storia, ma il tempo puro ... davanti allo specchio dei ruderi quella che percepiamo è l'impossibilità di apprendere la storia, una storia concreta, datata e vissuta. La percezione estetica del tempo è percezione di un'assenza, di un vuoto»[12].

Ed ancora:

«l'immagine non è la realtà; il reale dell'immagine non è la cosa stessa; la storia continua»[13].

Fig. 6 – Particolare del portale della chiesa di Santa Teresa, Ortigia.

L'architettura esistente, con la sua forza espressiva fatta di materia e di fruizione, è sempre stata presente, seppur assimilata superficialmente e vissuta intensamente. Gli edifici infatti hanno accompagnato l'umanità sin dalle prime capanne, sono divenuti una forma d'arte concreta ma non tangibile a cui, spesso, è mancata la fase contemplativa e percettiva. L'edificio c'è e si usa, in questo l'architettura ha sempre fornito sensazioni in maniera casuale, implicita e distratta da parte della collettività. Essa c'è e si vede, ma con gli occhi di chi la adopera, piuttosto che di chi la osserva e la percepisce. Non è un problema di attenzione quanto di abitudine, di passare davanti ad un oggetto e sapere che esiste senza averlo mai guardato con interesse.

L'immagine e la percezione dei caratteri di Ortigia sono quelle di un centro urbano ri-tinteggiato o abbandonato, con pietra e intonaco ri-puliti eccessivamente o fortemente connotati dal degrado. "Troppo nuovo" e "troppo vecchio", elementi caratterizzanti parti diverse della città, si trovano a coesistere, facendo perdere il senso della storia, dei valori, dell'identità e del tempo trascorso.

«Un tempo puro, non databile, assente da questo nostro mondo di immagini, di simulacri e di ricostruzioni, da questo mondo violento le cui macerie non hanno più il tempo di diventare rovine. Un tempo perduto che l'arte talvolta riesce a ritrovare»[14],

un tempo che esprime e valida gli eventi passati, le trasformazioni, i cambiamenti sociali.

Oggi, purtroppo, tutto viene dimenticato e cancellato da operazioni superficiali che tentano di recuperare, senza riuscirvi, l'identità del passato. Se da un punto di vista sociologico sembra veramente un'opera di ri-messa a nuovo, di eliminazione di un passato doloroso, per ri-acquistare prestigio, per rivalutare economicamente il bene, dall'altra, tecnologica, le tecniche e i materiali sono utilizzati con confusione, senza un uso consapevole della compatibilità, dell'integrabilità, della durata.

In questo senso, osservare fenomeni ed effetti, esiti di tentativi di riqualificazione e recupero, e indagare sulla loro collocazione all'interno del processo edilizio, sulle prestazioni degli edifici, sull'uso dei beni edilizi è strumento per la determinazione delle condizioni di stato dei manufatti e per i presupposti che li hanno determinati.

L'osservazione è lo strumento per percepire le condizioni di stato delle superfici esterne. Gli scatti che accompagnano lo scritto hanno seguito il criterio della rappresentazione di una realtà particolare, fatta di geometrie, di materia, di luce. Se non per pochissime eccezioni motivate (alcune immagini e le schede), sono state inserite immagini in presa frontale, in alcuni casi bidimensionale, e limitate ad una porzione dell'elemento. Ciò, per mettere in rilievo una realtà pura, fatta di regole elementari, di superfici, di particolari di un sistema superficiale complesso: le superfici esterne dei beni edilizi. Inoltre, il rappresentare questa realtà frammentata partecipa alla suggestione dei luoghi, alla valorizzazione dell'edificato, alla validazione di quanto è stato fatto e alla consapevolezza di quanto ancora resti da fare.

A completamento e a fondamento delle osservazioni espresse una breve trattazione sulle caratteristiche dei materiali di rivestimento e delle soluzioni per recuperarli. Lo scritto di Salvatore La Delfa, dottore di ricerca in chimica dei materiali, arricchisce il quadro, offre un punto di riferimento attendibile al processo di conoscenza e fornisce uno strumento di lettura per l'osservatorio.

L'osservatorio sul degrado e sugli interventi di recupero ad Ortigia

Il processo di modificazione del materiale posto in opera ed esposto alle sollecitazioni atmosferiche ha avuto, negli ultimi decenni, un'accelerazione decisa nelle trasformazioni e nei peggioramenti di stato. A questi processi si lega il moderno concetto di degrado e gli studi ad esso collegati.

Fig. 7 – Sovrapposizioni murarie, via Resalibera, Ortigia.

Le ricerche sui fenomeni di degrado hanno interessato osservazioni atte all'identificazione e alla classificazione di una grande quantità di degradi. È stato cioè approfondito, attraverso l'ampia bibliografia esistente, il concetto di degrado dal punto di vista delle scienze naturali, attraverso campionature e ricerche strumentali. Ad oggi, il degrado è diventato la manifestazione di sintomi di malessere tecnologico e costruttivo degli elementi tecnici e come tale deve essere utilizzato.

Da un punto di vista percettivo il degrado, e quello di Ortigia in particolare, si manifesta apertamente e connatura le superfici esterne dei beni edilizi. È una condizione in essere che non

Fig. 9 – Pietra e intonaco, via del Collegio, Ortigia.

può essere trascurata, così come non possono essere trascurati gli esiti degli interventi sulle superfici: la percezione visiva, mette in relazione il già fatto con il da farsi, l'intervento con il degrado ed esprime le condizioni di stato del prima e del dopo. Degradi ed interventi come manifestazioni palesi di un requisito, di una società, di un tempo.

Proporre un osservatorio dei fenomeni di degrado e degli interventi di recupero, effettuati in un decennio, ha l'intenzione di contestualizzare fortemente i beni edilizi di Ortigia, di esaminarli, di "osservarli" attraverso la percezione tecnologica delle variazioni materiche. È uno studio della materia e delle sue trasformazioni. Determinare le componenti ricorrenti del degrado, le sue modificazioni e l'evoluzione degli interventi di recupero nell'arco di un decennio, mediante ricognizioni e un'indagine di tipo macroscopico[15], significa evidenziare il processo di causa ed effetto, utile a semplificare l'iter diagnostico. Così come si è

appurato in molti contesti, le analisi strumentali spesso possono essere sostituite da osservazioni attente e da un riconoscimento delle fenomenologie accurato.

L'osservatorio sugli interventi di recupero mette in luce incompatibilità, stati irreversibili, difformità, errori progettuali, tecnologici e funzionali. Tali fenomeni, fini a se stessi, non avrebbero motivo di essere analizzati. Le relazioni che instaurano con i caratteri di contestualizzazione ne esprimono il loro vero valore ed individuano le possibilità espressive ed evolutive che il loro stato comporta. L'osservatorio esprime proprio la necessità di guardare con occhi diversi, non solo tecnici, un patrimonio che deve essere conservato, riqualificato, valorizzato.

L'immagine di un centro urbano è espressione degli interventi che in esso sono avvenuti. I presupposti su cui si fonda non possono essere influenzati dall'aspetto, dalla facies, ma dal valore che essi esprimono. Da qui la considerazione che i processi di recupero, intimamente legati alle prestazioni offerte dal manufatto, devono essere guidati da orientamenti e regole dettate dal tempo. In altre parole l'intervento connota la volontà di agire in equilibrio con le moderne tecnologie e con il tempo passato, nell'ottica del rispetto delle caratteristiche tecnologiche del manufatto e delle peculiarità derivate dal processo di riqualificazione/riuso.

In questo senso, la storia continua.

Le superfici esterne, emblema del trascorrere del tempo e insieme visibile delle vicende, esprimono l'essere state rovine e portano orgogliose i segni del passato, pur migliorando e aggiornando le potenzialità d'uso, in linea con gli stili di vita contemporanei.

Werner Tscholl, in relazione alla necessità di aggiornare l'esistente alle valenze contemporanee scrive:

«la sfida è di trovare una sintesi ove il rapporto tra il vecchio e il nuovo rifletta un necessario reciproco rispetto, ma anche di mirare a una maggiore qualità del luogo, nel senso di continuare a costruire e raccontare la storia nello stile e con i mezzi del presente, però in una lingua affine a ciò che si prosegue»[16].

L'intervento sulle superfici esterne comporta raziocinio, sensibilità e passione per ciò che l'edificio ha rappresentato nel passato. L'intento non è solo di addomesticare lo spazio, ma di preservare un luogo vivibile e fruibile, di difendere il tempo e i suoi valori, di mantenere vivo ciò che il bene edilizio ha espresso.

[1] HARVEY, D. La crisi della modernità, p. 251.
[2] REID, A. Prefazione, in: MAY, J. con REID, A. Architetture senza architetti. p. 6.
[3] La Carta di Cracovia, 2000, sancisce i Principi per la conservazione ed il restauro del patrimonio costruito e pone l'accento sull'individualità del patrimonio da tutelare.
[4] CATERINA G., Prefazione. Le questioni aperte per gli interventi di recupero edilizio, in: CANTONE, F., VIOLA, S. Governare le trasformazioni, p.8.
[5] HARVEY, D. nota 1, p.251.
[6] BRETON A., Interview d'indice, in Position politique du surréalisme (1935), ripreso in Ouvres complètes, Gallimard, Parigi, 1992, t. II, pp. 447-448.
[7] VANNINI W., Il design si progetta non si disegna, in: NORMAN D. A., p.VIII.
[8] AUGÉ M., Rovine e macerie, p.76.
[9] AUMONT J., L'immagine, p. 62.

[10] AUMONT J., nota 10, p.73.
[11] AUGÉ M., Che fine ha fatto il futuro?, p.45.
[12] AUGÉ M., nota 12, p.51.
[13] AUGÉ M., nota 12, p 53.
[14] AUGÉ M., nota 9, p.8.
[15] Con il termine macroscopico si fa riferimento al Vocabolario della lingua italiana dell'Enciclopedia Italiana vol. III 1987: di oggetto che per la sua estensione è osservabile ad occhio nudo, senza aiuto di strumenti ottici di ingrandimento. In particolare nel linguaggio scientifico in contrapposizione a microscopico, si dice di una proprietà o di uno schema rappresentativo di un corpo allorché se ne studia il comportamento "in grande".
[16] TSCHOLL W., Lavorare sulla storia, in: BALZANI M. ed., Restauro, recupero, riqualificazione, p.237.

Introduction

The extraordinary human capacity of innovating is evident in the endless shapes of the old buildings, product of the evolution of ideas, concepts, life styles. It characterizes the urban space and it lives and it changes as the time passes.

Recovering means, thus, acting in a sustainable way to give spaces and needs back to those who can use them, live them and share them, without cementing more our environment. The past is seen as culture, technique and experience all together and keeping it alive becomes a primary goal: the relation with different technologies, materials and procedures creates phenomena of pertinence, durability and reliability of the actions.

It was a need to rule the built and its transformations through strategies whose aim is the development of the city heritage. They, founded on the idea of active protection that sees in the bond the "culture of the limit", guide actions and interventions. Unfortunately, the human actions in the interventions procedure give back a quite different scenery: the ugliness of the buildings (and of the native reuses) comes from the lack of a project anchored to a culture that can be shared by the users, and from the impossibility of moving the same concept towards the practice.

It can be noticed an excessive sintering of the actions through small actions for the recovery of the facade, quality without any possible methodological and technological foundation. There aren't at all studies on the pertinence, on the material and technological compatibility, on the maintenance of the identity of the factory.

The most important step to compensate for what has been stated is the knowledge. To study the past and to know the techniques and the used methods means to succeed in acting with sensitivity, narrowing the changing actions and giving space to the preservation.

The observatory on the recovering actions in Ortigia wants to outline the frame of the preservation of the external areas of Ortigia and it analyses the actions that had been made in a decade.

If, on one hand, the materials of external areas and the deteriorations evident in them are analysed according to the definitions and the terminologies related to the UNI laws, on the other hand the conditions of the buildings of Ortigia are analysed through the analysis of the recovering actions carried in the decade 2002-2012.

The goal is to defend time and its values, to keep alive what the built expressed in the past, through the right means, exact methodologies and compatible technologies. The result is a corollary of the interventions from which the technological quality of these emerges, the repetitiveness or not of the interventions, their length in a precise lapse of time.

Osservatorio, luogo, materia, superficie

L'uomo non è la somma di quello che ha,
ma la totalità di quello che non ha ancora,
di quello che potrebbe avere.
Jean-Paul Sartre

La storia e il passato hanno prodotto architetture di ogni genere, segni tangibili delle dominazioni, dell'evoluzione culturale e tecnologica, degli eventi politici e sociali. La salvaguardia del patrimonio esistente necessita di metodi, strumenti ed attenzioni progettuali definibili attraverso metodologie sensibili alla conservazione[1]. Si deve cioè considerare l'unicità delle fabbriche e dell'ambiente, l'individualità dei sistemi a cui gli edifici appartengono attraverso il rilevamento della specificità del singolo oggetto, sia esso a scala edilizia o urbana. Il punto di partenza diviene quindi l'analisi del luogo e la sua identità.

Diversi sono gli strumenti che possono definirlo. Secondo Kevin Lynch l'identità esprime il senso del luogo in cui possono essere esplicitate le differenze ed è riscontrabile nella classe di esigenza Aspetto che restituisce l'insieme di connotati relativi alle caratteristiche fisiche, rilevabili in maniera macroscopica[2].

Entra cioè in gioco il modo di vedere e percepire l'oggetto edilizio. Arnheim dice che "vedere è un atto creativo" il cui risultato non è una elaborazione mentale ed intellettuale successiva alla visione ma un «ingrediente essenziale dell'atto stesso del vedere»[3]. La percezione visiva è una simulazione ricostruttiva, generata dal cervello, delle interazioni tra la persona e l'ambiente materiale circostante[4]. Per rappresentare ciò che vediamo abbiamo bisogno di un'idea che nasce dalla nostra cultura personale, dalla nostra capacità critica e analitica, da ciò che ci circonda. L'elaborazione di quanto vediamo, relativamente al costruito, attendendoci alla teoria gestaltica, può essere esaminata e scomposta in sei elementi fondamentali: equilibrio, forma, spazio, luce, colore e movimento, tra loro strettamente interconnessi ed interagenti. Forma, spazio, luce e colore sono i caratteri necessari a definire le superfici esterne.

Elemento da mettere in evidenza, fortemente dibattuto in ambito tecnologico e del recupero, è l'importanza delle *stratificazioni*, della rimozione o meno degli strati prodotti dal tempo. Dalla letteratura arrivano alcuni suggerimenti, il primo è della Yourcenar che, nella raccolta di saggi *Il tempo*

grande scultore[5], evidenzia come il passare del tempo possa dare una bellezza accessoria che deve essere considerata in quanto sintomo del tempo che è passato su quelle superfici. Interessanti potrebbero essere inoltre i collegamenti con la memoria, alla maniera proustiana per intenderci, *involontaria* e *volontaria*[6]. È essa l'artefice della percezione dei segni del tempo e del loro apprezzamento.

L'osservatorio

Il tema dell'osservatorio si inserisce all'interno dei processi di recupero edilizio come strumento di controllo e validazione dello stato dell'edificato. Esso, nelle sue sfaccettature, viene inteso come mezzo per acquisire conoscenze, per verificare lo stato di elementi costruttivi e sistemi edilizi, per valutare le possibilità di intervento. L'osservatorio può produrre informazioni utili ad indirizzare le scelte metodologiche verso la riqualificazione, il riuso, la manutenzione; colma le carenze di informazione in termini di conoscenze materiche e tecnologiche.

Conoscere, in termini esecutivi, avendo coscienza delle possibilità di trasformazione dell'oggetto, diventa un momento decisivo nella fase meta-progettuale.

L'etimologia del termine osservatorio indica un

«luogo o costruzione particolarmente attrezzati per l'osservazione a distanza o per determinate osservazioni, ricerche, indagini di natura scientifica". Inoltre con lo stesso termine "vengono designati così gli istituti scientifici destinati a eseguire osservazioni e studi di particolari fenomeni»[7].

Fig. 2 – Scorcio di Ortigia. Materiali, tecnologie e degrado, vicolo I alla Giudecca.

Fig. 3 – Rivestimento lapideo, via dei Mille, Ortigia.

È principalmente il termine osservazione a dare significato e valenza all'osservatorio. Osservazione è

«l'atto di osservare, sia per notare semplicemente ciò che si può percepire con l'occhio, talora con l'aiuto di strumenti ottici, sia applicando la mente per formulare considerazioni su ciò che si vede,sia in fine sottoponendo qualche cosa ad esame, a riflessione, a indagine di varia natura»[8].

L'atto di osservare, da un punto di vista concettuale, è

«la considerazione attenta e metodica di un oggetto o di un fenomeno, esterno o interno al soggetto conoscente, naturale - spontaneo oppure artificiale - provocato, fatta con lo scopo di conoscere le sue proprietà, le sue componenti, le sue leggi. Già nell'antichità alla osservazione è attribuito un ruolo importante nella ricerca, soprattutto come base per individuare cause e per risolvere problemi tecnici. In età medievale viene accentuata la dimensione progettuale, ovvero l'aspetto per cui l'osservazione si presenta come consapevole raccolta e organizzazione di dati e informazioni»[9].

Come tutti i sistemi di informazione e di conoscenza, l'osservatorio nasce come strumento di approfondimento del sapere e diviene strumento operativo per condurre alla riqualificazione, alla conservazione e valorizzazione dei caratteri identitari e culturali della zona, al miglioramento delle qualità estetiche dei beni edilizi.

Le soluzioni applicate e i degradi conseguentemente prodotti hanno permesso di individuare anomalie e vizi esecutivi, informazioni sostanziali per ulteriori passi nei confronti del recupero e della riqualificazione, soprattutto adesso che Siracusa, e quindi anche Ortigia, sono diventati, dal 2006, Patrimonio dell'Umanità (UNESCO).

Il problema principale che pone l'osservatorio attiene ai criteri di osservazione e quindi alle leggi della percezione visiva. Esse riguardano lo spazio e la geometria, fatto di una, due o tre dimensioni, di punti, linee, superfici, volumi. La geometria insegna che le tre dimensioni bastano a definire la forma di un oggetto o di un edificio e la sua collocazione in un determinato luogo. Gli oggetti possono essere percepiti come insieme di cose piccole o grandi, rotonde o quadrate, regolari o irregolari e se ne individua la distanza dall'osservatore. Lo spazio tridimensionale offre una maggiore ampiezza di vedute, in esso sono percepibili le direzioni e visioni da innumerevoli punti di vista. Inoltre l'oggetto architettonico viene percepito con un contorno. La combinazione delle linee è governata dalle leggi della semplicità:

«quando la combinazione produce una figura più semplice di quella prodotta dalla somma di linee separate, la si vede come un tutto integrato»[10].

La semplicità gestisce anche l'orientamento spaziale che si definisce attraverso forme che prevalgono ed altre che invece vengono messe in ombra.

In architettura l'osservazione rende le linee oggetti che acquistano qualità grazie alla loro presenza, al loro essere. Essi devono essere riconosciuti in base all'esperienza e alla relazione che si instaura tra l'oggetto osservato e l'osservatore. L'osservatore è sempre aiutato dalla sua esperienza, dalla sua cultura, dal suo background.

Lo spazio architettonico viene quindi definito da oggetti in equilibrio tra loro, che possono prevalere gli uni sugli altri. All'interno dello spazio architettonico poi si trovano sottosistemi composti da oggetti che esprimono relazioni con il tutto e con gli oggetti limitrofi.

Il problema dell'apparenza percettiva di alcuni elementi architettonici sulle superfici esterne degli edifici rispetto ad altri, le aperture per esempio, viene risolto con la percezione del suo contorno e della sua eventuale cornice. Se questa non ci fosse è probabile che verrebbero percepite come dei buchi su una superficie. La cornice insomma rafforza il carattere della finestra e ne definisce la percezione.

Infine lo spazio architettonico è definito da ritmi e volumi che sembrano mettersi in primo piano e avvicinarsi, o nascondersi

Fig. 4 – Filtri percettivi. Grata, zanzariera, infisso. Apertura di Ortigia.

e allontanarsi, che si ripetono e che possono essere classificati al di fuori delle semplici regole geometriche e morfologiche. Necessitano di una percezione delle reazioni che possono produrre: la percezione della profondità, della sovrapposizione, della convergenza, della centralità e della materia.

Il luogo

«I luoghi non propongono alcuna peculiarità. La globalizzazione inquina la riconoscibilità e l'identità, che hanno fondato luoghi e città, ponendole all'attenzione di chi le vive e di chi appositamente le visita, per cui è necessario attivare un processo di revi-

Fig. 5 – Scorcio di Ortigia.

sione dei comportamenti che l'hanno generata, innescando procedimenti formativi imperniati sulla fondatezza e sulla congruità e parametri normativi che corrispondano agli stessi obiettivi»[11].

Luogo è inteso come

«manifestazione concreta dell'abitare dell'uomo, la cui identità dipende dall'appartenenza ai luoghi»[12].

Luogo nel senso non solo di spazio, ma anche di oggetto sensibile alla riscoperta della bellezza, della natura, dell'anima[13]. In questo senso Virginia Gangemi individua le relazioni tra ambiente e luogo e così le definisce:

«il riferirsi all'ambiente come luogo e teatro per la esplicazione di complessi processi di trasformazione ambientale che producono, nel tempo, assetti e configurazioni molteplici»[14].

Ed è una posizione ormai acclarata tanto che si definisce con maggiore precisione, si disvela nei suoi aspetti di recupero:

«il luogo si configura, si conserva e si trasforma in relazione all'essere abitato. Un luogo non più abitato decade; non ha ragione per essere conservato, si degrada, crolla, si riduce a rovina e, se non trova altre ragioni di sopravvivenza, infine scompare»[15].

Anche il pensiero filosofico ha espresso un giudizio di valore sul luogo e così lo definisce:

«idea di spazio che ha un'origine analoga all'idea di luogo: una moltitudine di corpi estesi, tra loro compresenti, uniti insieme dall'elemento "estensione"»[16].

Fig. 6 – Stratificazioni e materia. Palazzo Midiri, via Logoteta, Ortigia.

In conclusione, i luoghi sono strettamente legati al contesto culturale, sociale, geologico e morfologico dell'intorno, in funzione di una valorizzazione non solo dei singoli edifici, ma di tutto l'ambiente circostante. Le variabili che vengono espresse dal territorio possono influenzare l'intervento di recupero e il rapporto conservazione/trasformazione.

I luoghi di Ortigia

«L'ambiente urbano, esperito ed utilizzato come strumento funzionale, ha perso negli anni, nei secoli, il significato vero della propria strutturazione fisica; le migliaia di piccole mutazioni che si sono susseguite interessando tutti gli aspetti della realtà … (nel tempo, in ogni luogo, le mutazioni sono state di forma, di stile, di fruizione ed utilizzo) sono presenti ed immanenti nel risultato attuale; ogni microsistema urbano, la casa, la via, il quartiere, si caratterizzano come prodotto finale, eppure sempre in divenire sotto quelle spinte al mutamento»[17].

Ortigia ha la caratteristica affascinante di possedere una tale varietà di stili, di decorazioni più o meno ridondanti, di scene urbane ricche di stratificazioni, di crolli, di ricostruzioni che le danno un aspetto particolare, perché scaturito dalla sovrapposizione di stili e culture. Gli ambienti urbani, le piazze, gli spazi aperti, i lungomare caratterizzano l'edificato e lo definiscono attraverso tagli, giochi di luce, scorci e prospettive fantastiche. Ne è esempio emblematico piazza Duomo, con la sua convessità, con il suo dilatare lo spazio bianchissimo definito dalla pietra.

È, ancora, una piccola isola collegata da tre ponti alla terraferma. L'intorno è costituito dall'espansione ottocentesca della città di Siracusa e dalle zone di nuova edificazione, di epoca ben più recente, che hanno inglobato anche gli importanti resti archeologici di cui la città si fregia.

La storia di Ortigia si ricollega e coincide con la fondazione di Siracusa. La città greca viene edificata, secondo Tucidide, nel 733 a. C. da un gruppo di coloni provenienti da Corinto; il nome viene scelto per la vicinanza con la palude Syraca. Il suo dominio esteso, soprattutto per la sua localizzazione strategica nel bacino del Mediterraneo, diviene il punto di forza di una città destinata a diventare un importante snodo nei traffici marittimi.

L'impianto urbano di Ortigia, sin dall'epoca arcaica,

«molto probabilmente, dal primo periodo di vita della colonia è dotata di un regolare impianto urbano secondo i moduli dello schema detto a strigas. Esso appare impiantato su arterie principali (plateiai), in senso nord-sud – solo di una di esse si sono rinvenuti tratti significativi – distanziate di circa m. 75 e intercettate ortogonalmente da una fitta serie di stradine (stenopoi) in senso est-ovest larghe circa m. 2.50 che delimitano isolati larghi circa m. 25»[18].

Emerge inoltre come le costruzioni siano edificate utilizzando materiale proveniente da cave presenti sull'isola stessa, nei pressi dell'attuale lungomare di Levante.

In sintesi l'impianto antico di Ortigia è basato sul

«geometrico e razionale schema per *strigas* collegato con la *plateia* assiale che faceva capo all'istmo a nord di Ortigia e con esso, alla una via lata perpetua, di ciceroniana memoria, spina dorsale dell'impianto di terraferma»[19].

Fig. 7 – Superficie esterna, pietra e intonaco, vicolo I alla Giudecca, Ortigia.

Successivamente la città si amplia e viene edificata attraverso una progettazione rigorosa che applica una geometria rigida. In questa fase l'isola si salda sempre più alla terraferma, sviluppandosi verso Akradina che diviene un nuovo centro di sviluppo edilizio. Le cave sono quindi quelle a nord di Akradina, le Latomie per intenderci, che producono materiale per l'edificazione dell'espansione della città. La città si ingrandisce ancora, fino a diventare la pentapoli famosa nel mondo. L'isola appare divisa in cinque settori, detti *plateiai*[20]. Ortigia, in questo periodo subisce poche modifiche, se non nell'edificazione dei pochissimi vuoti urbani lasciati liberi in precedenza.

I romani prima e i bizantini poi mantengono l'assetto e ne continuano a fare la capitale della Sicilia.

Con la conquista araba Siracusa diviene il centro del Val di Noto. I Normanni la liberano nel 1085. Passa sotto la dominazione spagnola, aragonese prima e castigliana dopo, fino ai primi anni del 1500, divenendo la sede della Camera Reginale, una istituzione statale governata direttamente dalla regina.

Il periodo spagnolo è per Siracusa, ma soprattutto per Ortigia, un momento edificatorio di profonde trasformazioni perché, proprio in quegli anni, l'isola viene circondata da una cortina muraria intervallata da diciassette bastioni, con annessi forti, castelli e attrezzature di difesa che la fanno divenire una delle più complete piazzeforti del Mediterraneo. La vocazione commerciale della città viene così a cadere, tagliando Siracusa fuori dalle rotte commerciali e trasformandone profondamente la politica e le attività.

I terremoti del 1542 prima e del 1693 poi provocano una notevole diminuzione della popolazione nonché profonde trasformazioni nel tessuto urbano.

Fig. 8 – La materia di Ortigia. Edificio abbandonato in via Labirinto, Ortigia.

Fig. 9 – Superficie esterna, pietra e intonaco, vicolo I alla Giudecca, Ortigia.

Nel Settecento la città passa sotto il dominio borbonico con alterne vicende fino all'Unità d'Italia. In questo periodo le vicende politiche internazionali, con il passaggio del potere dagli Spagnoli, alla morte di Carlo II, ai Savoia, agli Austriaci e ai Borbone di Napoli innesca un fenomeno di retroazione e di dominazione reazionaria che affosserà Siracusa, mantenendola in uno stato di arretratezza quasi feudale.

Una piccola rivoluzione interna, nel 1837, provoca, come reazione, lo spostamento del capoluogo a Noto; tali problemi di ordine pubblico porteranno a tensioni con lo stato borbonico e alla partecipazione dei siracusani ai moti del 1848.

È proprio con l'Unità d'Italia e nel periodo successivo, che avvengono fatti che cambieranno l'aspetto e la politica di intervento sull'edificato. Nel 1865 Siracusa acquista nuovamente il ruolo di capoluogo che porta ad un nuovo assetto urbano e a nuove e forti modificazioni. Tra le più importanti si ricordano l'abbattimento delle mura dal 1870 in poi, la costruzione del ponte Umbertino e la costruzione della ferrovia, il cui tracciato raggiunge il mare ed il porto.

Per Ortigia, un anno importante è il 1872, quando viene operato un grosso sventramento per la costituzione dell'attuale piazza Archimede e di alcune parti del tracciato antico. Dalla fine dell'Ottocento hanno inizio una serie di iniziative volte a restituire valore alla città, tra queste spicca, grazie agli scavi effettuati da Paolo Orsi, la demolizione degli edifici intorno e all'interno del tempio di Apollo, che avranno completamento dopo le due guerre.

Il Ventennio è caratterizzato da una spinta trasformativa e da una fase di rinnovamento urbano che ha basi più remote, come dimostrano recenti studi. Infatti tra il '34 ed il '36 si realizza, a Siracusa, un'imponente operazione urbana, di grande impatto propagandistico, denominata via del Littorio. Essa consiste in una disinvolta aggressione al tessuto storico preesistente, con la perdita dei caratteri dell'impianto antico del centro di Ortigia e del quartiere della Sperduta, l'apertura di un grande asse viario di comunicazione tra due piazze: piazza Archimede, ubicata al centro del fitto tessuto storico e piazza Pancali (generata da diversi interventi stratificati tra Ottocento e Novecento), che rappresenta l'anello di congiunzione con la città nuova[21]. La via del Littorio risulta essere un brano architettonico fortemente significativo; essa riproduce un'idea, nata nel periodo post-unitario e concretizzata

Fig. 10 – Particolare del degrado lapideo presente sul rivestimento lapideo, via delle Carceri Vecchie, Ortigia.

nel Ventennio fascista, dalla pregnante identità storica, che mostra un'adesione ai temi coevi del dibattito nazionale e una forte aderenza alla rappresentatività, esprimendo un interessante risultato formale che la contraddistingue come l'ultimo esempio di architettura "diffusa" del Novecento a Siracusa.

Il periodo bellico, in particolare il secondo, è contraddistinto dalla presenza di diversi rifugi antiaereo che utilizzano pozzi, ipogei e altre strutture preesistenti del sottosuolo di Ortigia. In questo senso sono ancora visibili le tracce degli interventi di consolidamento effettuati, su queste strutture, durante il conflitto mondiale. Esse sono distinguibile soprattutto per l'uso di un materiale diverso, il mattone, in sostituzione di parti lapidee mancanti.

Ortigia non subisce modificazioni ulteriori, anzi si pietrifica per alcuni decenni. Negli anni '50 vi risiede il 30% della popolazione di Siracusa ma l'espansione urbana degli anni '60 convoglia la maggior parte della popolazione nelle zone a nord della città di Siracusa, lasciando Ortigia parzialmente disabitata, così come risulta dai dati del 1990[22].

L'inserimento di attività produttive e concettuali, quali la facoltà di Architettura, e il crescente interesse per il patrimonio edificato hanno portato la città ad operare un ampio piano di interventi, facilitati anche dalle somme stanziate per le opere di risanamento dopo il terremoto del 1990. Con tale potenzialità Ortigia è rifiorita, è stata per anni un immenso cantiere che ha portato alla riqualificazione di ampie parti di città, di edifici, di ambienti urbani. Ad oggi pochi sono gli spazi urbani ancora da riqualificare; in particolare sia gli interventi privati su edifici di pregio che interventi pubblici di maggiore interesse culturale hanno già avuto conclusione.

Materia e superficie: rivestimento lapideo e manto di protezione

L'involucro e le superfici esterne comunicano l'importanza dell'edificio e il fasto che ha voluto esprimere nel tempo. Molto è dovuto alla morfologia delle aperture, alla decorazione, al rivestimento, alle altezze e ai materiali utilizzati, al tipo di finitura, alla coloritura e al tipo di infissi.

Per recuperare tali beni edilizi c'è la necessità di conoscerne i particolari, i caratteri, gli sviluppi. Uno degli aspetti rilevanti riguarda le superfici esterne.

Le superfici esterne appaiono costituite da:
- basamento;
- paramento;
- coronamento.

All'interno di questa divisione è possibile rilevare alcuni elementi cardine, su cui il degrado si manifesta in maniera più intensa e prioritaria e su cui è necessario intervenire:
- manto di protezione (intonaco);
- rivestimento lapideo;
- elementi a rilievo (cornici, cornicioni, marcapiano, stipiti, paraste, cantonali, timpani, etc.);
- decorazioni;
- coloriture.

Per ognuna delle categorie, ed in generale, è necessaria la distinzione tra fenomeni superficiali, la cui diffusione avviene lungo la superficie, e fenomeni che invece agiscono in profondità, nello spessore del rivestimento. Tra questi si fornisce una breve sintesi dei caratteri principali.

L'invecchiamento del "manto di protezione" avviene per effetto del particellato atmosferico, di solito inquinato, del dilava-

mento e dei fenomeni ambientali, quali soleggiamento intenso e continuo, ventilazione e sbalzi termici. I fenomeni di degrado che si manifestano sul manto di protezione riguardano soprattutto la polverizzazione, la disgregazione e l'erosione, il rigonfiamento, il distacco e la mancanza, mentre tra le alterazioni sono frequenti le alterazioni cromatiche e il dilavamento. In presenza o vicinanza del mare alcune manifestazioni possono essere esasperate e andare a compromettere, in maniera irreversibile, la consistenza del rivestimento.

Il rivestimento lapideo, a seconda della localizzazione, subisce degradazioni più o meno importanti. Infatti l'alveolizzazione, l'ero-

Fig. 11 – Mensole degradate, via Logoteta, Ortigia.

sione, il pitting, il deposito superficiale, le croste di origine biologica (incrostazione), le croste di origine chimico-fisica sono frequenti in molti tipi di pietra e vengono influenzati dalle condizioni al contorno relative al clima, agli agenti atmosferici, agli sbalzi termici.

Gli elementi a rilievo, quali cornici, sporti, paraste, cantonali, etc. sono maggiormente soggetti al degrado perché esposti ai fenomeni meteo-climatici, al deposito di particellato, al passaggio delle acque piovane. Le parti a rilievo realizzate con materiale lapideo possono subire i degradi tipici del materiale o del rivestimento. Sia sui corpi litici che su quelli intonacati sono frequenti lacune, per effetto di cause fisiche, di fenomeni atmosferici insistenti, nonché di errori di progettazione e messa in opera.

Per le decorazioni, sia lapidee che di malta, i fenomeni di degrado sono relativi ai danni prodotti dall'inquinamento ed in particolare al deposito, più o meno coeso, del particellato atmosferico. Le croste infatti vanno a depositarsi tra gli anfratti e le scanalature delle decorazioni, sedimentandosi nelle zone riparate dalle piogge e dando luogo a manifestazioni di degrado piuttosto evidenti.

Le coloriture infine rivestono una importanza notevole dal punto di vista dell'aspetto e della contestualizzazione dell'edificio, proprio in funzione della morfologia e delle caratteristiche peculiari di facciata. I degradi che si possono manifestare sono relativi al distacco, alla mancanza, all'alterazione cromatica e al dilavamento. Altri degradi, di tipo indotto, cioè derivanti da fenomeni interni o movimenti di assestamento possono verificarsi sullo strato di coloritura e producono fessurazioni, efflorescenze, polverizzazioni.

L'intervento di recupero delle facciate si configura, una volta effettuata una diagnosi accurata, come un ripristino sia formale che tecnologico. In esso, un carattere fondamentale è il rispetto dell'immagine originaria, nell'ottica della visibilità dell'intervento attuale. Se poi anche l'intervento, come spesso succede, subisce un deterioramento ecco che la situazione si complica e diviene difficile intervenire.

Per gli interventi di recupero si può fare affidamento sulla perizia delle maestranze, sulla buona qualità dei materiali e della miscela, sull'esperienza del progettista. E prestare maggiore attenzione ai punti deboli della facciata:
- zone al di sotto della linea di gronda;
- aggetti;
- punti di contatto con materiali diversi quali soglie, scossaline, cornici che individuano e delimitano la zona intonacata;
- raccordi tra le parti e i materiali di rivestimento.

Si annoverano infine caratteristiche come la complanarità, la continuità o discontinuità del manto.

In queste zone sarà facile individuare i primi segni di cedimento dei materiali, le prime infiltrazioni umide, i primi distacchi. Sarà auspicabile ripristinare la stabilità e la continuità del manto, in conformità con il supporto murario, evitando incompatibilità materiche e di posa in opera.

[1] DI BATTISTA, V., CATTANEI, A. ed., *Intonaco terranova*, p. 16.

[2] FIORE, V. *La manutenzione dell'immagine urbana*, p. 25.

[3] ARNHEIM, R. *Arte e percezione visiva*, pp. 187-246.

[4] MANZELLI, P. *Intelligenza visiva: percezione del colore*, Progetto LRE-EGO-CreaNET, Laboratorio di Ricerca Educativa dell'Università di Firenze. Questo progetto conduce a superare la concezione che porta a separare nettamente *"l'oggetto veduto dal soggetto vedente"*.

[5] YOURCENAR, M. *Il tempo, grande scultore*.

[6] Proust distingue tra memoria suscitata dall'intelligenza e quindi povera e limitata, che è la "memoria volontaria", e quella legata alle percezioni e ai sensi che è quella "memoria involontaria". È a questa che si deve il recupero di un passato altrimenti perduto per sempre.

[7] *Vocabolario della lingua italiana*. Roma: Istituto della Enciclopedia Italiana,, 1997, vol III, p. 589.

[8] *Vocabolario della lingua italiana*, voce *osservazione*, vol. M-Z.

[9] *Enciclopedia Filosofica*, vol. 8.

[10] ARNHEIM, R. nota 3, p.188.

[11] TRUPPI, C. *In difesa del paesaggio*, p. 9.

[12] NORBERG SCHULTZ, C. *Genius Loci*, p. 6.

[13] HILMANN, J. *L'anima dei luoghi*. p. 65.

[14] GANGEMI, V. *Emergenza Ambiente teorie e sperimentazioni della progettazione ambientale*, p. 59.

[15] DI BATTISTA, V. *Ambiente Costruito*, pp. 214-215.

[16] ARCIDIACONO, V. voce "luogo", in AA.VV. *Enciclopedia filosofica*, p. 6839.

[17] GILIBERTI, E. *La città invisibile*, pag. 7.

[18] VOZA, G. *La città antica e la città moderna*, pp. 252-253.

[19] VOZA, G. nota 18, p. 268.

[20] BOLLATI, R., BOLLATI, S. *Siracusa: genesi di una città*.

[21] CANTONE F., CANTONE G. *Le condizioni di stato negli edifici del primo Novecento. Il caso Ortigia: corso Matteotti*, In BISCONTIN, G., DRIUSSI, G. ed., *Architettura e materiali del Novecento*, pp. 411-420.

[22] Le informazioni di carattere storico sono tratte, oltre che dai testi succitati, da PRIVITERA, S. *Storia di Siracusa* e da MAUCERI, E. *Siracusa antica*.

Observatory, place, matter, surface

The story and the past produced every kind of architectures, touchable signs of the dominations, of the cultural and technological evolution, of the cultural, political and social events. The safeguard of the existing necessity of methods, instruments and attention for the projects can be defined by methodologies susceptible to preservation.

The starting point becomes the analysis of the place and its identity. The identity expresses the meaning of the place where the differences can be discovered and it is possible to find them in the category of "I wait".

It gives back all the features concerning the physical characteristics, detectable in an enormous way. The way of seeing and perceiving the building object comes into play. Arnheim says that "to see is a creative act" whose result is not a mental and intellectual elaboration that follows the view but it is "an essential ingredient of the same act of seeing".

The topic of the observatory is a mean to learn more, to verify the status of the building elements and building systems, to value the possibility of intervening on the studied object. Observation is "the act of observing, both of simply noticing what the eye can perceive, maybe with the help of optical means, and applying the mind to formulate considerations on what can be seen, and, finally, also of submitting something to exam, consideration, research of different nature."

The place is meant as "a real manifestation of the human living, the human identity depends on the belonging to places". The place not only in terms of space, but also in terms of objects which are susceptible to the discovery of beauty, of nature, of soul. Urban places, squares, open spaces, the sea front characterize the buildings and define them by cuts, game of light, views and fantastic perspectives.

The facades, made by basement, battlement and crowning, express the importance of the building and the pomp that conveyed in the time: materials, building techniques, the decay, and the techniques and ways of the interventions are investigated too.

The elements on which the decline is evident in a more intense and priority way are the protective coverings (plaster), the stone covering, the elements in relief (frame, ledge, stringcourse, door frames, pilasters, cantonals tympanum, etc.) the decorations and the colourations.

The obsolescence of the *protective covering* happens because of the atmospheric particles, of the placer mining and environmental agents like the intense and endless sun, ventilation and sudden changes in temperature. These phenomena of decline that are clear in the plaster concern especially the delamination the break up and the erosion of the covering, the blistering, the detachment and the lack.

The *stone covering*, according to the location, can have sometimes more important degradations. In fact the alveolization, the erosion, the pitting, the surface deposit, the crust are influenced by the conditions around, by the weather conditions, by changes of temperatures.

The *elements in relief*, like frames, protrusions, pilasters, cantonals, etc., are exposed to phenomena of weather conditions and climatic, to the deposit of the particles and to the passage of the rain waters.

For the *decoration*, both of stone and of mortar, the more frequent manifestations are produced by pollution. The deposit on the surface is in the crevices and the grooves of the decoration, settling and giving birth to crusts.

The *colourations* finally show stains, detachment, lack, colour and placer mining. The recovering intervention of the facades characterizes, once made a detailed diagnosis, as a formal and technological re-establishment at the same time. As far as the recovering actions are concerned, the valuation of the experts, the good quality of the materials and the mixture of them, the experience of the project managers must be trusted. And paying more attention to the weak points of the facade:

Areas under the eaves line;

Projections;

Touching Points with different materials like doorsteps, flashings, frames that detect and mark the plastered area;

Joints between the parts and the covering materials.

In this area, it will be easy to detect the first signs of material failure, the first water damages, the first detachments. In case of intervention, it will be desirable to re-establish the solidity and continuity of the covering, according to the wall support, avoiding intollerances and material incongruity.

Il sistema della conoscenza. Pietra e intonaco

Non c'è né passato, né futuro,
ma solo una serie di presenti che si susseguono,
un percorso, di continuo distrutto e ininterrotto,
in cui tutti avanziamo.
Marguerite Yourcenar, Il Tempo, grande scultore, 1985.

Il sistema della conoscenza

L'architettura, quale testimonianza del passato, assume significati simbolici, di memoria, materiali; la cultura del recupero afferma che i processi di intervento sono governati dalla definizione degli esiti culturali, sociali ed economici,

«legati indissolubilmente ai saperi ed alle convinzioni, alla conoscenza ed al sentire l'intero ed assai ampio territorio dell'architettura. È infatti esso, in tutte le sue denotazioni scientifiche, tecniche, culturali, architettoniche e ingegneristiche, sociali, storiche, economiche, produttive che alimenta con la sua storia e cultura composita e politecnica ogni azione di conservazione e trasformazione del nostro ambiente e ne denota ogni significato e rappresentazione»[1].

Conoscenza, dal latino tardo *cognoscentia*, deriva da *conoscere* e significa «presenza nell'intelletto di una nozione, come sapere già acquisito»[2]. La conoscenza è una risorsa indispensabile per il progresso e l'evoluzione della società. Attraverso l'acquisizione di conoscenze è possibile individuare relazioni e processi di trasformazione rispettosi dell'identità dell'edificio. In questo senso,

«la conoscenza è una utilità a disposizione degli attori per stare nelle società e per orientarli nelle azioni sociali, economiche e culturali»[3].

«Lo sviluppo sociale si concentra su qualcosa che riguarda l'uomo in quanto produttore e portatore del sapere. ... il termine conoscenza evoca un sapere di grande respiro, che va al di là della semplice informazione, che è in grado di penetrare oltre la superficie delle cose, di stabilire relazioni, di operare astrazioni e di abbracciare la complessità e la molteplicità»[4].

I processi di conoscenza sono diretti al miglioramento del sapere e alla necessità di acquisire informazioni. La correttezza di queste informazioni è affidata al processo di acquisizione e a alla

Fig. 2 – Paramento murario, elementi in pietra degradati e tracce di manto di rivestimento nel quartiere della Giudecca, Ortigia.

metodologia applicata per sistematizzarle. Per dar luogo ad informazioni è necessario renderle confrontabili. Nascono così metodi per l'acquisizione delle informazioni e sistemi di schedatura.

«Oggi ... il modello classico degli elementi (semplice/complesso, atomico/complesso) è entrato in crisi nelle sue implicazioni epistemologiche, perché la struttura stessa della conoscenza si è fatta più articolata»[5].

L'operazione di acquisizione e classificazione esige impegno ed applicazione perché

«ogni similitudine e distinzione sia il risultato di un'operazione precisa e dell'applicazione di un criterio preliminare»[6].

La conoscenza ha inoltre la necessità di essere regolata da elementi ordinatori per sistematizzare i contenuti. Uno di questi, il più noto per gli organismi edilizi, è la classificazione.

«L'acutezza nel pensiero, la chiarezza nell'espressione, l'esattezza nella comunicazione, la prontezza nella risposta e la precisione nel servizio dipendono ... dalla successione conveniente, ovvero dalla Classificazione»[7].

«La classificazione ... implica ed è implicata dalla appartenenza a una costellazione discorsiva che spieghi la realizzazione di alcune combinazioni tra quelle possibili ed evidenzi sistemi di coerenze derivanti da queste istanze di decisione»[8].

La logica da applicare è di tipo sistemico; le conoscenze, riunite in funzione del sistema di appartenenza o del loro sub-sistema, innescano collegamenti e confronti. Un sistema informativo avrà il compito di ordinare informazioni e relazioni attraverso regole progettate per quello specifico contesto.

Il sistema edilizio e, di conseguenza, il sistema tecnologico[9] esprimono relazioni riguardo l'edificio attraverso indagini «sperimentate in funzione delle caratteristiche del manufatto». Fondamentale è cioè reperire e organizzare le informazioni necessarie; tale momento fa parte di uno più ampio che è la diagnosi.

Il processo diagnostico è momento di indagine ad ampio raggio, al fine di ricostruire l'evoluzione dell'edificio ed individuare prospettive architettoniche, tecnologiche, prestazionali e manutentive, sostanziali per la redazione del progetto di recupero. Del processo diagnostico fa parte anche l'osservatorio che acquisisce informazioni materiche per definire il quadro della conoscenza sul bene edilizio.

Il quadro della conoscenza si esplicita attraverso indagini, informazioni, analisi. Tra di esse spiccano la conoscenza dei materiali lapidei, naturali ed artificiali, e delle loro trasformazioni.

I materiali lapidei nelle costruzioni di Ortigia

Per conoscere bisogna indagare e per indagare sulle superfici esterne bisogna riconoscere i materiali e comprenderne le funzioni: strutturali, protettive o decorative.

La pietra, in quanto materiale naturale e materia per l'architettura, è stata utilizzata da sempre nei luoghi ove era disponibile in affioramento. Sin dai primordi lo spazio architettonico è stato scandito da ciò che la natura offriva e trasformava; le grotte erano il risultato di questo trascorso. Il passaggio ad una fase "interventistica" ha dato la possibilità, all'uomo, di creare il suo spazio, di confrontarsi con la natura, di osservarla, di ri-

Fig. 3 – Cantonale in conci squadrati con degradi superficiali e intonaco, di recente fattura, con tracce evidenti di macchie, Ortigia.

produrla plasmandola a proprio vantaggio, cercando di mantenere quella stessa forza espressiva che la roccia in situ aveva manifestato.

I meriti dei materiali lapidei si possono riscontrare, oltre che nelle caratteristiche litologiche, meccaniche e fisiche, in due importanti concetti di origine antica: l'*admiratio* e la *varietas*. Il primo, espresso da Leon Battista Alberti, è legato alla pietra in sé, come materiale, e al fascino che produce il suo inserimento in un contesto architettonico: si pensi all'interesse suscitato dal tema litico nel XVI secolo a Firenze, con gli scritti di Agostino Del Riccio e le collezioni di Leone Strozzi[10] e alla difficoltà di descrizione del colore, così espressa:

«nel mondo litologico il colore sta a rappresentare la natura stessa delle pietre; il colore non è né sopra né sotto la superficie; ha posto nella "cosa" litica, ne è l'essenza. Non si ricorre al trucco del colore, quel colore "chimico" a cui la civiltà industriale ... ci ha abituato; il colore dei litotipi è stabile, profondo, naturale»[11].

Emerge la qualità "naturale" della pietra: pietra naturale per costruzione, per rivestimento, per decorazione.

Il secondo concetto è legato all'aspetto della pietra, ad un insieme di litotipi che definiscono gli elementi a rilievo, le decorazioni, il rivestimento lapideo. Le catalogazioni commerciali, di marmisti ed operatori del settore lapideo, raggruppano i marmi per gruppi di colori, riducendo e semplificando eccessivamente le caratteristiche del materiale; si parla di pietre e marmi acromatici, quindi di vari tipi di bianco e grigio, molto diffusi un po' ovunque, così come di pietre dalle diverse tonalità di beige. Insomma, ancora una classi-

Fig. 4 – Paramento con deposito superficiale e mancanza di parti, via delle Carceri Vecchie, Ortigia.

cazione legata al colore. In questo senso la *varietas* è intesa come varietà di morfologie provenienti dalla natura.

Sono infine da ricordare le caratteristiche legate all'effetto, all'apparenza e alla piacevolezza, alla *venustas*, che risulta essere il fattore preminente per i non addetti ai lavori. Infatti, il materiale lapideo ha circondato l'uomo da sempre, è parte del suo mondo, è qualcosa che è sempre stato, che si riconosce attraverso l'uso, attraverso la capacità di essere lavorato, la qualità espressiva, costruttiva, formale che produce nei confronti dell'osservatore.

Le classificazioni di tipo geologico e chimico-fisico, seppur profondamente diverse tra loro, forniscono invece informazioni

Fig. 5 – Paramento lapideo di varie epoche, tempio di Apollo, Ortigia.

relative allo stato e alle trasformazioni che il contatto con l'aria e l'acqua possono provocare.

La distribuzione dei diversi litotipi sul territorio siracusano è ovviamente varia. Le costruzioni del passato, siano esse esempi di architettura o di archeologia, sono state edificate con materiale similare per cromia, tessitura e composizione; la maggior parte delle costruzioni è stata realizzata con pietra estratta da differenti cave e riconducibile a strati differenti di un unico prodotto: la calcarenite.

Nella terminologia locale la pietra di Siracusa, in particolare quella di uso più recente, viene detta calcare tenero, pietra da ta-

glio, pietra bianca, "ntagghiu"[12]. Nel siracusano sono presenti calcareniti mioceniche di colore giallastro, porose e fossilifere, della Formazione di Palazzolo e calcari pliocenici molto porosi (detti pietra tufigna o tabbia) utilizzati solo per piccole parti degli edifici[13].

Rari sono infine i calcari oolitici, che hanno una struttura massiva o a strati e sono, per queste caratteristiche, facilmente riconoscibili. Si individuano, in quantità minori, altri tipi di calcareniti o di calcari, la cui rilevanza è minima nel contesto edilizio.

La pietra di Siracusa, quando non è alterata, ha una struttura compatta, non interessata da microfratture. Ha bioclasti molto dispersi e una porosità media. La composizione è calcarea al 97%.

Da un punto di vista cromatico e da un'analisi dei degradi è possibile individuare i seguenti tipi[14]:

- calcarenite gialla: si tratta di un materiale molto diffuso negli elementi lapidei delle superfici esterne di Ortigia, identificabile per il colore giallo - beige, per l'aspetto uniforme e compatto. Tale materiale, usato dal XVIII secolo in poi, è facilmente aggredibile dal degrado per l'elevata porosità;

- calcarenite bianca: è un materiale che si distingue per il suo colore quasi bianco e che ha avuto ampia diffusione nelle costruzioni antecedenti al 1693. Più duro e compatto, è riconoscibile per essere in buone condizioni e non essere stato aggredito dal degrado in maniera vistosa. Si ritrova in edifici del 1300, del 1400 e del 1500 o più frequentemente in parti di essi;

- calcari oolitici: sono un tipo di pietra con un aspetto spugnoso e con struttura massiva o a strati. Sono generalmente in buono stato di conservazione, hanno una colorazione biancastra e si identificano facilmente per striature o zone ben delimitate, che indicano l'alternarsi dei vari strati. Sono poco frequenti[15].

Fig. 6 – Deposito superficiale e degrado differenziale, flos tectorii e aggiunte di materiale. Stemma infisso nella muratura, via delle Carceri vecchie, Ortigia.

La pietra di Siracusa, che oggi si cava presso Priolo, Palazzolo Acreide, Canicattini e Noto, è stata impiegata sin dai periodi più antichi. Il tipo odierno è assimilabile alla calcarenite presente dal XVII secolo in poi negli edifici di Ortigia. Dopo il terremoto del 1693 questa pietra diventa la protagonista assoluta della ricostruzione caratterizzando la forma urbana ed il colore delle città ricostruite. Essa viene adoperata sia per scopi decorativi ed architettonici sia come rivestimento per superfici esterne.

Il manto di protezione e la sua composizione

Per una conoscenza del manto di protezione di Ortigia, l'intonaco, è bene individuare i suoi requisiti, strettamente legati a quelli delle miscele. Se da una parte non è possibile riconoscere fattori di degrado nella fase di messa in opera delle malte è, però, bene sapere che il loro confezionamento influisce sulla formazione del degrado stesso. Alcuni studi hanno evidenziato come la miscela possa influenzare lo sviluppo del degrado negli intonaci.

A tal fine i requisiti delle miscele sono classificabili in:
Reologici
- Penetrabilità e diffusione. Sono caratteristiche relative alla fluidità ottimale che deve essere garantita per tempi sufficienti; all'omogeneità; all'assenza di grumi; alla fase solida con una granulometria dell'inerte minore della dimensione dei vuoti; alla bassa viscosità;
- assenza di segregazione: tale caratteristica è necessaria per evitare che i componenti si disaggreghino;
- minima essudazione: necessaria per non favorire la presenza dei vuoti nel prodotto indurito.

Chimici
- Stabilità delle caratteristiche chimiche nel tempo, cioè la capacità di instaurare forti legami chimici mediante reazioni irreversibili con i materiali esistenti;
- resistenza ai sali solfatici, necessaria affinché non si formino prodotti espansivi;
- limitazione del tenore di alcali, atta ad impedire la reazione alcali-aggregato.

Fisici
- Presa e indurimento sono determinati da tempi ottimali di esecuzione e da dosaggi equilibrati dei componenti;
- proprietà igroscopiche: riguardano principalmente l'insolubilità in acqua, la stabilità volumetrica all'umidità, la ritenzione adeguata alle caratteristiche di assorbimento del supporto;
- limitazione del ritiro. Il ritiro limita o, in certi casi impedisce, l'aderenza al supporto.

Meccanici
- Caratteristiche di resistenza e rigidezza;
- termici;
- basso valore di idratazione che regola l'aderenza al supporto[16].

Questi gli strumenti per analisi di tipo strumentale Seguono le caratteristiche del materiale per osservare il manto di protezione o intonaco.

L'intonaco è

«giustamente considerato dagli architetti un materiale protettivo di sacrificio che subisce l'azione distruttiva, esercitata dall'interfaccia tra solido ed atmosfera, dei fattori ambientali di deterioramento (sbalzi termici, acqua, acidi, sali, gelo) e protegge da essi la struttura muraria»[17].

Fig. 7 – Degrado biologico provocato dal dilavamento, Lungomare Alfeo, Ortigia.

È, secondo altri, una tecnica ad obsolescenza programmata[18] e come tale può e deve essere sostituito quando perde la sua funzione protettiva.

Gli intonaci sono sempre stati utilizzati con successo, sia per la facilità di messa in opera che per l'economicità e il reperimento dei componenti. Nel tempo, la loro applicazione ha previsto diverse tecniche e un numero di strati variabile in funzione dell'epoca storica[19]. Gli strati più interni erano caratterizzati da inerti a granulometria maggiore e una quantità inferiore di legante rispetto a quelli più esterni, con inerti più fini e maggiore legante.

La composizione di intonaci e malte è elemento indispensabile nel processo di conoscenza. La composizione degli into

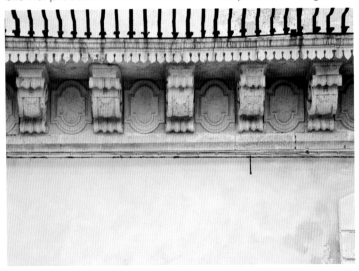

Fig. 8 – Pietra e intonaco, Ortigia.

naci di Ortigia è riconducibile a quella degli intonaci tradizionali a tre strati in cui:

- lo strato di ancoraggio assicura l'aderenza al supporto grazie ad un impasto realizzato con inerti di grossa pezzatura che lo rendono grezzo e resistente;
- lo strato di livellamento è il corpo dell'intonaco. Esso ha una consistenza più raffinata rispetto al precedente ed è realizzato con inerti di granulometria media che assolvono anche al compito di rendere facilmente applicabile l'impasto e di far aderire lo strato successivo;
- lo strato di finitura è il più delicato, che si degrada più facilmente. È realizzato con inerti fini (di solito sabbie o polveri di pietra) e assolve al compito di chiudere l'intonaco ed essere ricettivo per lo strato di coloritura. Il materiale, una volta consolidato, ha la caratteristica di essere impermeabile e traspirante[20].

Il processo di conoscenza comprende anche le fasi di realizzazione del manto di protezione: lo strato di ancoraggio, realizzato allo stato fluido, viene lanciato sul supporto. Buona norma è utilizzare un inerte abbastanza corposo e lasciare la superficie un po' ruvida per migliorare l'aderenza dello strato superiore.

Prima dell'applicazione dello strato di livellamento, il vero corpo dell'intonaco, è necessario allestire il piano. Viene cioè predisposto lo spiccato, con un insieme di fili tesi e chiodi che individuano la planarità delle parti. In alcuni casi è possibile realizzare dei punti di appoggio iniziali e finali, così da avere dei riferimenti precisi nella stesura dello strato[21]. Infine lo strato di finitura viene realizzato con un inerte più piccolo e viene lavorato a seconda della soluzione formale scelta.

Le manifestazioni di degrado sulle superfici esterne di

Ortigia

I beni edilizi, spesso compromessi dall'abbandono, dall'assenza di azioni di recupero e manutenzione, e caratterizzati dai fisiologici processi degenerativi, rappresentano un sistema in cui gli interventi di conservazione e di trasformazione vengono dettati da processi conoscitivi ormai consolidati. Le superfici esterne sono il sistema su cui tali fenomeni si manifestano con maggiore intensità.

In alcune occasioni, la mancanza di sensibilità storica e l'assenza di azioni culturali e di valorizzazione hanno compromesso le superfici esterne; le successive ed incoerenti trasformazioni hanno stravolto interi patrimoni stratificati nel tempo[22].

«Ogni sistema insediativo restituisce sempre prestazioni che ammettono di essere variate e valutate; le decisioni progettuali, conseguentemente, dipenderanno dal livello di accettabilità delle prestazioni in essere (azioni di conservazione) e dalla necessità di miglioramento (azioni di trasformazione)»[23].

In questo senso si rende necessario un intervento il cui fine sia il confronto tra le prestazioni offerte e le esigenze espresse dall'utenza, attraverso requisiti; tali esigenze riguardano la sicurezza, l'aspetto, il benessere, la gestione.

«Qualora le prestazioni, o parte delle prestazioni che l'oggetto edilizio sarebbe in grado di assicurare, fossero ritenute insufficienti rispetto al quadro delle nuove esigenze dell'utenza, si svilupperanno attività progettuali e costruttive di riqualificazione»[24].

Il processo di intervento quindi, nell'accogliere le richieste degli utenti, ha la necessità di risalire al passato attraverso una fase conoscitiva. Essa, composta da una fase analitica e da una diagnostica, comporta una serie di attività legate al luogo da indagare, alle necessità da attuare, alle parti da ripristinare o integrare o sostituire.

Le attività legate alla diagnosi, in particolare, esaminano lo stato di conservazione del materiale, la tecnologia con cui è stato messo in opera, i livelli prestazionali in essere e la capacità di durare nel tempo. Elemento cardine del processo diagnostico è lo stato di conservazione del materiale posto in opera.

Lo stato di conservazione indica la capacità di un elemento

Fig. 9 – Alveolizzazione e deposito superficiale sullo stilobate del tempio di Atena, piazza Minerva, Ortigia.

TIPO	TIPOLOGIA	COMPOSIZIONE	CARATTERISTICHE
A	Intonaco a finitura bianca.	- Abbondante calcite; - tracce di quarzo; - piccole quantità di aragonite, Mn-calcite, gesso, dolomite, ematite - cloruro di sodio	La presenza del cloruro di sodio è da ricondursi alla vicinanza col mare che produce, col vento, aerosol marino. Il gesso è in quantità minime e sembra essersi prodotto per trasformazioni dell'intonaco ma non si può scartare l'ipotesi che sia stato utilizzato come legante in origine. Sia il legante che l'aggregato sono costituiti da calcite.
B	Intonaco con cocciopesto.	- abbondante calcite - costante presenza di quarzo	Il quarzo è il componente principale del cocciopesto, mentre la calcite è riconducibile al legante carbonatico e all'aggregato. Si è usato quindi pietrisco di tipo calcareo.
C	Intonaco a calce con aggregato bianco e presenza di conchiglie	- abbondante calcite - abbondante quarzo - presenza di aragonite e Mn-calcite (nei campioni dove c'è pochissimo quarzo)	In esso il legante è la calcite, mentre l'aggregato è costituito quasi esclusivamente dal quarzo. Quando ci sono tracce rilevanti di aragonite e Mn-calcite sono da ricondursi quasi esclusivamente all'aggregato. Sia il legante che l'aggregato sono costituiti da calcite.
D	Intonaco colorato in pasta.	- abbondante calcite - abbondante quarzo - abbondante pirosseno - quantità significativa di Mn-calcite	Intonaco a calce con contenuto di calcio particolarmente alto. La Mn-calcite è adoperata solo quando il quarzo è scarso. Il pirosseno si ritrova in buone quantità in alcuni campioni e indica l'uso di un aggregato di origine vulcanica.
E	Intonaco cementizio	- calcite, Mn-calcite, aragonite - calcite e quarzo	Due tipologie di intonaco costituito da: - calcite, Mn-calcite, aragonite (la prima costituisce l'aggregato) - calcite e quarzo.
F	Intonaco con aggregato di origine vulcanica	- forte presenza di plagioclasio	Sono caratterizzati tutti da una forte presenza di plagioclasio.
G	Intonaco con aggregato giallo	- calcite - quarzo	La calcite è sempre presente in buone quantità; il quarzo può esserci o meno, in quantità variabili.
H	Intonaco grigio a granulometria molto fine non visibile macroscopicamente	- calcite - quarzo - Mn-calcite - aragonite	Sono particolarmente ricchi di Mn-calcite e di aragonite.
I	Intonaco grigio scuro con clasti bianchi di grandi dimensioni	- calcite - quarzo	Presenza di calcite e quarzo, non difformi dagli altri campioni.
L	Intonaco a calce gialla con aggregato giallo	- solo calcite	Questo tipo di intonaco si caratterizza per la presenza della sola calcite come componente principale.
M	Rivestimento in laterizio	-	
N	Intonaco sintetico		
P	Intonaco con aggregato molto grossolano (fino a 15 mm)	-	
Q	Malta rosa con abbondanti clasti bianchi omogenei	- dolomite (componente principale) - calcite e aragonite	È un intonaco composto da un legante di calcite e un aggregato esclusivamente dolomitico (molto raro)

Fig. 10 – Caratteristiche degli intonaci di Ortigia[30].

tecnico o di un dispositivo di mantenere le sue qualità nel tempo. Esso contraddistingue tutte le parti del sistema tecnologico e può essere individuato e monitorato nel tempo. Il peggioramento delle condizioni di stato determina la comparsa di fenomeni di deterioramento materico e funzionale, di degradi e di guasti[25].

Lo stato di conservazione della pietra di Siracusa è suscettibile di alcuni fattori, i cui principali sono:
- caratteristiche litologiche: esistono, nel costruito di Ortigia, diverse varietà della stessa pietra, derivanti da condizioni deposizionali diverse;
- interventi manutentivi, quali sostituzioni e rinnovi di finiture protettive superficiali non documentabili;
- caratteri di contestualizzazione.

La logica esigenziale – prestazionale, che detta i confronti e stimola una visione selettiva dei fenomeni, necessita di una fase diagnostica preminente che indaga le manifestazioni e gli effetti presenti sulle superfici esterne: il degrado.

Ogni materiale, preso nel suo specifico contesto,

«tende a mettersi in equilibrio con esso; se i parametri ambientali cambiano nel tempo ciò provoca come conseguenza la perdita dell'equilibrio e la necessità di nuovi adattamenti»[26].

Nel settore del recupero, i fenomeni di degrado sono

«non soltanto ineluttabili, ma altresì perfettamente naturali, congeniti, consustanziali rispetto allo sviluppo e al persistere della materia nel tempo e nell'ambiente in cui viviamo»[27].

Il danno subito dai materiali esposti all'azione del tempo e degli agenti atmosferici presenta aspetti così vistosi che, tradotti in immagini, ne costituiscono di per sé stessi la misura. Lo stato di degrado viene raggiunto, nella maggior parte dei casi, nel tempo brevissimo dell'arco di una vita umana.

Il degrado, nelle sue innumerevoli sfaccettature, esprime il malessere delle superfici, il tempo che passa, i guasti provocati e gli errori umani. Su di esso si possono percepire e mettere a confronto fenomeni che hanno origine comune, che si formano su supporti identici o differenti, che hanno identica esposizione.

Sulle superfici esterne, di frequente, la presenza del degrado implica la necessità di un intervento repentino e duraturo.

Fig. 12 – Manto di rivestimento con fenomeni di erosione, efflorescenza, alveolizzazione, Ortigia.

Si è accertato che l'uso sempre crescente di carbone, oli combustibili e benzina nella produzione di energia e l'impiego di fertilizzanti nelle coltivazioni hanno provocato sulle superfici esterne danni connessi a processi di degrado di natura diversa rispetto a quelli naturali. Inoltre la loro presenza si è accentuata nel corso del tempo proprio in conseguenza dei mutamenti che l'industrializzazione ha indotto nell'ambiente stesso[28].

Il degrado delle superfici esterne di Ortigia viene utilizzato come strumento per la validazione di futuri interventi, per la manutenzione degli elementi tecnici, come osservatorio stabile sul costruito.

Ambiente, materiali e compatibilità

I beni edilizi, e le azioni su di essi condotte, possono essere interessanti strumenti per la valutazione delle caratteristiche dell'ambiente e per la progettazione di operazioni di recupero. Ogni intervento di recupero è unico e deve essere interpretato come un episodio a sé stante in cui le testimonianze del passato vengono messe in relazione con le informazioni sul luogo, individuando fattori comuni, assonanze, uniformità di vedute.

Il recupero degli elementi superficiali si attua attraverso il rispetto dell'esistente, con soluzioni tecnologiche e costruttive dettate dalla tradizione. In tal senso l'intervento comporterà la minore sottrazione di materia possibile[29], sarà indirizzato alla conservazione del maggior numero di parti e a trasformazioni limitate. In questo senso il rapporto tra conservazione e trasformazione, per le superfici esterne, peserà più sulla conservazione che non sulla trasformazione. Le trasformazioni saranno relative a sostituzioni di elementi a rilievo che hanno perso la loro funzione, ad integrazioni di parti mancanti funzionalmente indispensabili. La conservazione coinvolgerà il manto di protezione, gli elementi decorativi, gli elementi a rilievo, le coloriture e il rivestimento lapideo, sul basamento, sul paramento, sul coronamento della superficie esterna.

L'intervento sulle superfici esterne considera che la natura e il tempo tendono ad equilibrare le incompatibilità materico-ambientali grazie alla patina prodotta dal naturale invecchiamento.

Su una superficie esterna da pulire, consolidare e proteggere, intervenire con materiali diversi da quelli originari è pericoloso per le reazioni conflittuali che si potrebbero scatenare. È quindi necessario conoscere compatibilità e incompatibilità.

Tra i casi più frequenti c'è l'incompatibilità tra intonaco e supporto, soprattutto lapideo, a causa del differente modulo elastico che provoca la perdita di aderenza e il distacco dei vari strati, fino alla caduta, parziale o totale, del manto di protezione.

In presenza di umidità, l'incompatibilità tra intonaco e supporto provoca un invecchiamento quasi istantaneo dell'intonaco e la formazione di degradi ben visibili e difficilmente eliminabili, se non con la sostituzione dell'intonaco stesso.

L'indagine sui materiali e sulle caratteristiche dell'intonaco porta a consigliare alcune soluzioni: in particolare si deve tenere presente che gli intonaci cementizi e a base di calce idraulica, a fronte di caratteristiche di lavorabilità e facilità di applicazione, saranno portatori di fessurazioni, efflorescenze, rigonfiamenti, distacchi e perdite di materiale, a causa della loro scarsa porosità. Tali fenomeni saranno aggravati in ambiente limitrofo al mare, poco soleggiato o con scarso ricambio d'aria,

così come avviene tra i vicoli di Ortigia. La messa in opera potrà avere un ruolo discriminante, si dovrà:
- fare attenzione ai tempi di asciugatura di ciascuno strato dell'intonaco, prima di provvedere alla stesura del successivo;
- verificare le capacità del posatore di miscelare e applicare l'intonaco che, a seconda della tipo, potrà essere di più o meno facile messa in opera;
- riconoscere l'importanza dei dosaggi e tener conto che una malta magra, povera di legante, potrà non aderire bene al supporto e disgregarsi, così come una malta troppo grassa, con troppo legante, potrà provocare fenomeni di ritiro e successive fessurazioni.

Quattro sono quindi le regole da rispettare nella scelta del manto di protezione da applicare su una superficie che ne è rimasta priva, esso deve:
- possedere una elasticità simile o almeno compatibile con quella del supporto, al fine di assecondarne gli assestamenti o gli occasionali movimenti;
- essere traspirante per garantire una presenza limitata di sali solubili;
- essere poroso per non bloccare grandi quantità di acqua al suo interno;
- possedere una resistenza a compressione simile a quella del supporto.

È preferibile inoltre verificare che la messa in opera venga effettuata secondo la regola dell'arte.

I supporti murari, di cui ci si occupa marginalmente in questa trattazione, hanno necessità di essere rivestiti con materiali tradizionali a base di calce (principalmente naturale ma anche idraulica) che hanno capacità elastiche compatibili con la pie-

tra e con lo strato di coloritura e hanno una elevata traspirabilità. Solitamente si adopera la calce come legante, raramente il grassello. Utilizzare il grassello è possibile solo come legante unico e solo nello strato di finitura o unito a calce idraulica o inerti tipo coccio pesto o pozzolana nello strato di ancoraggio.

Un intonaco a calce, su un supporto murario lapideo, garantisce salubrità e facilita l'evaporazione dell'acqua, così da non compromettere l'equilibrio tra supporto, intonaco e coloritura finale. Questo tipo di intonaco ha un comportamento molto simile a quello dell'apparato murario per cui qualsiasi tipo di manifestazione, sia degenerativa che alterativa, provocherà uguale reazione.

L'umidità dell'aria, la mancanza di soleggiamento e le forti escursioni termiche possono produrre umidità in eccesso

Fig. 15 – Pietra e intonaco, Ortigia.

nella muratura e nell'intonaco; in questo caso le caratteristiche dell'intonaco a calce permetteranno all'umidità di venire trasportata all'esterno e limiteranno i fenomeni di degrado.

Gli intonaci cementizi presentano numerosi svantaggi come la mancanza di traspirabilità e l'impermeabilità, ma hanno una buona durabilità nel tempo e resistono agli agenti atmosferici e all'acqua; sono quindi frequentemente applicati anche su edifici realizzati in muratura tradizionale. Purtroppo, sia le condizioni ambientali al contorno che le caratteristiche stesse dell'intonaco fanno sì che questa soluzione provochi solo l'accelerazione della formazione del degrado e quindi l'inefficacia dell'intervento. Infatti il processo chimico che si innesca in un ambiente umido e con scarso ricambio d'aria ha inizio con l'im-

Fig. 16 – Concio di chiave, Ortigia.

possibilità di evaporazione dell'umidità interna e prosegue con la formazione di lesioni o cavillature, in presenza di sbalzi termici. Le soluzioni per il suo recupero purtroppo prevedono la sostituzione totale dell'intonaco, in quanto non traspirante, e sconsigliano interventi temporanei di rasatura o stuccatura parziale perché non eliminano il problema principale: la mancanza di traspirabilità.

Fino a qualche anno addietro, i beni edilizi venivano "ripuliti" attraverso un nuovo strato di coloritura: esso veniva applicato direttamente su quello sottostante senza tenere in considerazione l'eventuale incompatibilità materica, il modulo elastico, la traspirabilità. Per le coloriture le tinte utilizzate erano numerose, le caratteristiche svariate, i materiali naturali o sintetici con resa ed aspetto differenti, il degrado assicurato.

Si citano, in questa sede, le coloriture polimeriche[30] che, filmogene, producono una pellicola superficiale visibile che altera l'aspetto delle superfici esterne e la loro cromia e provoca gravi degradi se applicata su intonaci a calce. In termini di reversibilità dell'intervento di recupero le pitture polimeriche non possono essere asportate senza che venga eliminato lo strato sottostante, fattore fortemente dequalificante su beni edilizi di valore culturale, architettonico ed artistico. Inoltre, l'uso di coloranti sintetici altera l'aspetto di beni edilizi e centri urbani, con una variazione sostanziale del colore che diventa artificioso e diverso da quello originario[31].

Le coloriture a base cementizia o a base di resine siliconiche invece non aderiscono bene al supporto a causa della diversità materica e di comportamento. Le pitturazione a base di resine sintetiche sono molto poco traspiranti e producono un film superficiale, una pellicola, che impedisce l'evaporazione del-

CONDIZIONI AMBIENTALI		COMPATIBILITÀ
Esposizione geografica	sud; est; sud-est; sud-ovest; ovest	ottima
Esposizione geografica	nord; nord-ovest;	sufficiente
Soleggiamento estivo	tra 4 e 7 ore	ottima
Soleggiamento estivo	tra 2 e 4 ore	sufficiente
Soleggiamento invernale	tra 3 e 5 ore	ottima
Soleggiamento invernale	tra 1 e 3 ore	sufficiente
Vicinanza al mare	entro 100 metri	ottima
Vicinanza al mare	entro 10 metri	sufficiente
Ventilazione (provenienza)	sud-est	ottima
Ventilazione (provenienza)	sud-ovest	ottima
Ventilazione (modalità di arrivo)	frontale	media
Ventilazione (modalità di arrivo)	radente	media
Ventilazione (modalità di arrivo)	riparato	sufficiente
Umidità dell'aria	elevata	scarsa
Umidità dell'aria	scarsa	ottima
Piovosità (annuale)	fino a mm. 550	ottima
Piovosità (annuale)	da mm.550	scarsa
Fattori di inquinamento	Gas industriali e	sufficiente
Temperatura diurna/notturna estiva	Tra 30.2 e 19.9	sufficiente
Temperatura diurna/notturna invernale	Tra 15.5 e 7.9	scarsa

Fig. 17 – Le condizioni ambientali di Ortigia sui supporti lapidei.

l'acqua e provoca non indifferenti fenomeni di rigonfiamento, distacco e caduta di parti dell'intonaco.

In situazioni climatiche particolari e umide, su un supporto con

intonaco a calce, le coloriture superficiali devono essere a calce o ad affresco. È accettabile uno strato di coloritura "additivato" solo se a calce, che rende la pittura traspirabile, e con un legante polimerico non sovradosato (fino al 23%, soglia oltre la quale si definisce la pittura sintetica). Questo tipo di coloritura si adopera quando il sottofondo è stato trattato precedentemente con pitture sintetiche su cui le coloriture a calce non aderiscono.

Infine, sulle superfici esterne apparentemente in buone condizioni è necessario verificare la presenza di fronti risalita e di sub-efflorescenze[32], degrado di natura chimico-fisica che viene innescato dall'umidità interna e determina scollamenti tra i vari strati dell'intonaco, presenza di sali e distacchi successivi.

Un ambiente particolarmente umido sarà soggetto alla formazione di condensa, causata dal brusco cambiamento della temperatura; in simili condizioni lo strato di coloritura presenterà prima dei piccoli rigonfiamenti, poi una estensione di tali fenomeni, poi il distacco dello strato dall'intonaco ed infine la caduta dello stesso.

Per una decodifica dei fenomeni di incompatibilità materica e di innesco del degrado è stato affrontato il tema delle condizioni ambientali per il rivestimento lapideo e per il manto di rivestimento.

Si precisa che vengono qui proposte solo le condizioni ambientali che effettivamente influenzano il processo di decoesione e degrado della superficie intonacata.

I caratteri di contestualizzazione per Ortigia

Il degrado è fenomeno intimamente legato all'interazione

tra le proprietà del materiale e l'ambiente; infatti in condizioni microclimatiche diverse uno stesso materiale può avere reazioni ed aspetto differenti.

Uno studio, prodotto dal CNR e dall'Istituto Nazionale di Coordinamento Beni Culturali (INCBC)[33] sulle superfici esterne di Ortigia, ha evidenziato come i fattori ambientali siano un elemento determinante per la comprensione e la determinazione del degrado. In esso i caratteri ambientali da considerare per una conoscenza dei fenomeni di degrado sono: l'esposizione al calore del sole, la presenza di correnti eoliche sulle superfici esterne degli edifici rispetto ai venti dominanti, la possibile presenza di specie saline, in relazione alla vicinanza della facciata alla costa.

Per quanto riguarda gli elementi di contestualizzazione nell'analisi del degrado sulle superfici esterne, sono stati individuati i seguenti elementi:
- esposizione delle superfici;
- presenza ed estensione degli spazi e delle superfici antistanti;
- posizione rispetto al mare;
- posizione rispetto ai venti;
- presenza di traffico veicolare.

Le relazioni tra fenomeni di degrado, condizioni microclimatiche dell'ambiente urbano e caratteristiche specifiche dei materiali stabiliscono connessioni reciproche; tra queste il contesto in cui il degrado nasce e cresce è importante in riferimento alla singola superficie, al singolo edificio, al quartiere di appartenenza. Nel processo di osservazione si è rilevato che notevoli sono le assonanze tra tipi di degrado presenti nella stessa zona e sullo stesso tipo di supporto, per cui i caratteri di contestualizzazione diventano importanti nello studio delle forme di degrado e nella loro evoluzione.

CONDIZIONI AMBIENTALI	COMPATIBILITÀ
Esposizione geografica	ottima
Esposizione geografica	sufficiente
Soleggiamento estivo	ottima
Soleggiamento estivo	sufficiente
Soleggiamento invernale	ottima
Soleggiamento invernale	sufficiente
Vicinanza al mare	ottima
Vicinanza al mare	sufficiente
Ventilazione (provenienza)	ottima
Ventilazione (provenienza)	ottima
Ventilazione (modalità di arrivo)	media
Ventilazione (modalità di arrivo)	sufficiente
Umidità dell'aria	scarsa
Umidità dell'aria	ottima
Piovosità (annuale)	ottima
Piovosità (annuale)	scarsa
Temperature diurna/notturna estiva	
Temperature diurna/notturna invernale	
Fattori di inquinamento	sufficiente

Fig. 18 – Condizioni ambientali di Ortigia per il manto di rivestimento.

I dati maggiormente significativi sono l'esposizione geografica, l'esposizione solare, la vicinanza col mare e la presenza di fenomeni eolici dominanti.

Approfondire alcuni di questi caratteri e specificarne l'insolazione e la ventilazione estive ed invernali, il tipo di traffico stradale (se autoveicolare, motoveicolare, pedonale), la sezione della strada e l'altezza degli edifici frontistanti, la presenza di interventi manutentivi o di trasformazione e la destinazione d'uso diventa interessante per la validazione del valore materiale delle superfici esterne. È stato infatti ampiamente dimostrato come sia importante inserire tra i caratteri di contestualizzazione anche tutto ciò che concerne il traffico veicolare e la dimensione degli spazi circostanti la facciata.

Meucci, per esempio, ha individuato nell'esposizione al vento, nell'insolazione diretta e nei conseguenti cicli di cristallizzazione i fattori che danno origine alle caratteristiche forme di alveolizzazione sul materiale lapideo:

«i pori dello strato superficiali della pietra, una volta colmi di sali allo stato cristallino subiscono pressioni trasversali sulle pareti tanto forti da raggiungere il punto di rottura così che la fase successiva del degrado non possono che essere la decoesione e la polverizzazione»[34].

L'applicazione di tali concetti su Ortigia ha condotto alla raccolta dei dati relativi a:
- caratteristiche storiche e morfologiche dell'impianto urbano in relazione alle stratificazioni edilizie;
- caratteristiche dei materiali lapidei (desunte da un rilevamento a vista);
- individuazione, riconoscimento e classificazione dei degradi chimico-fisici sulle superfici esterne;
- rilevamento dei dati espositivi e di contestualizzazione.

Fig. 19 – Campata principale di palazzetto, vicolo I alla Giudecca, Ortigia.

Fig. 20 – Rivestimento lapideo, via dei Tolomei, Ortigia.

La raccolta e l'elaborazione di questi dati ha messo in evidenza alcuni interessanti elementi: in primo luogo l'uniformità dei risultati (infatti si è rilevata una certa similitudine nelle caratteristiche morfologiche ed evolutive del degrado) perché similari sono le condizioni al contorno che ne determinano l'aspetto e l'evoluzione ed in secondo luogo la varietà delle forme presenti, legate sicuramente ad una molteplicità di fattori causali.

I caratteri ambientali più frequenti sono:
- strada interna di sezione dai quattro ai cinque metri;
- altezza media degli edifici costante pari a tre/quattro elevazioni fuori terra;
- zona esposta ai venti;
- elevato traffico veicolare.

L'osservazione delle forme di degrado sulle superfici esterne di Ortigia ha portato all'analisi degli elementi microclimatici e al peso che essi rivestono nella formazione del degrado. È stata fatta una comparazione tra fenomeni di degrado simili e caratteristiche ambientali di ogni zona; da questo confronto è emerso che il degrado che subisce maggiormente l'influenza delle correnti eoliche e delle condizioni meteorologiche è la presenza di croste nere.

La presenza di croste nere è stata confrontata con lo schema viario dell'isola ed è emerso che:
- il rapporto strada – elevazione degli edifici, anche in presenza di moderata circolazione veicolare, favorisce la formazione di depositi, anche rilevanti, per il ristagno dell'aria;
- è ridotta o nulla la presenza di depositi sulle superfici esposte alle correnti eoliche e non delimitate da edifici di altezza superiore, pur in presenza di elevata circolazione[35].

È stato effettivamente riscontrato che le trasformazioni avvenute sul rivestimento lapideo e sul manto di protezione hanno subito una brusca accelerazione con l'aumento dei fattori inquinanti, soprattutto ad opera di autoveicoli che, con l'immissione di gas nocivi e di CO_2 in particolare, hanno contribuito al peggioramento dello stato delle superfici. Soprattutto nelle zone a maggiore concentrazione di traffico veicolare sono stati riscontrati fenomeni intensi di croste nere che hanno alterato, per fortuna non irreversibilmente, l'aspetto degli edifici.

La conservazione materica delle superfici è quindi fortemente influenzata dal sole, dal mare, dal vento e dalle temperature di Ortigia. In questo ambiente i caratteri di contestualizzazione sono talmente forti e connotanti il luogo che è estremamente difficile impedirne l'innesco.

In questo senso deve essere letta l'importanza del luogo oggetto di intervento, ricorrendo ad analisi che verifichino la possibilità di non reiterare il processo di degrado sui materiali utilizzati. Approccio, questo, di certo non semplice che implica una ricerca dei materiali locali, delle loro caratteristiche fisiche, chimiche e meccaniche e delle relazioni con i fattori ambientali dominanti.

[1] Di Battista, V. *Ambiente costruito*, pag. 183.

[2] *Vocabolario della lingua italiana*, vol. I A-C.

[3] VESPASIANO, F. *La società della conoscenza come metafora dello sviluppo.*

[4] OLIMPO, G. *Società della conoscenza, educazione, tecnologia*, pp. 4-16.

[5] NARDI, G. *Le nuove radici antiche.*

[6] FOUCAULT, M. *Les mot set les choses*, Gallimard, Paris 1966, tr. It., *Le parole e le cose*, pp. 141-181.

[7] GOPINATH, M. A., RANGANATHAN S. R. *Prolegomena to library classification.*

[8] GNOLI, C. *Classificazione a faccette.*

[9] Norma UNI 8290-1, *Edilizia residenziale. Sistema tecnologico. Classificazione e terminologia*, 1981.
Fisicamente la norma è organizzata in più parti:
1. UNI 8290-1: Edilizia residenziale. Sistema tecnologico. Classificazione e terminologia.
2. UNI 8290-2: Edilizia residenziale. Sistema tecnologico. Analisi dei requisiti.
3. UNI 8290-3: Edilizia residenziale. Sistema tecnologico. Analisi degli agenti.
4. UNI 8290/1 FA 122-83: Edilizia residenziale. Sistema tecnologico. Classificazione e terminologia.

[10] ACOCELLA, A. *L'architettura di pietra. Antichi e nuovi magisteri costruttivi*, pp. 590-593.

[11] ACOCELLA, A. nota 11, p. 594.

[12] Il termine *ntagghiu* si può tradurre con "intaglio", cioè un tipo di pietra particolarmente tenera, adatta ad essere lavorata ed utilizzata per scopi decorativi. Noti sono gli intarsi lapidei realizzati da maestri scalpellini, dalla fine del Seicento in poi, nella zona sud-orientale della Sicilia.

[13] BOCCI, A., BUGINI, R., EMMI, D., REALINI, M. *La lavorazione dei materiali della ricostruzione di Noto (Siracusa)*, in: BISCONTIN G., MIETTO D. ed., *Le pietre dell'architettura*. pp.463-472.

[14] I dati relativi ai diversi tipi di pietra sono desunti da osservazioni macroscopiche e dal citato studio del CNR sullo stato di degrado del patrimonio edilizio di Ortigia.

[15] Si precisa che le diciture *gialla* o *bianca* non sono state desunte da studi e materiale bibliografico ma sono state così denominate per una facilitazione nel riconoscimento, che tiene conto delle caratteristiche cromatiche della pietra.

[16] VALLUZZI, M. R. *Consolidamento di murature in pietra.* pp.19-20.

[17] TORRACA, G. *Tecnologia delle malte per intonaci e della conservazione degli intonaci antichi*, in: MINISTERO PER I BENI CULTURALI, ISTITUTO CENTRALE

PER IL RESTAURO, *Diagnosi e progetto per la conservazione dei materiali dell'architettura* p. 203.

[18] MARANO, A., ROSSI, P. *Fare l'architettura con l'intonaco*, p.20.

[19] Si va dai sette strati proposti da Vitruvio, ai cinque indicati da Plinio, ai tre poi realizzati fino ai nostri giorni.

[20] MARANO, A., ROSSI, P. nota 18, p. 72.

[21] MARANO, A., ROSSI P. nota 18, p. 76.

[22] MUSSO, S. F. *Manutenzione e difesa dell'identità urbana, un sistema informativo per le opere di sostegno della Genova antica,* in: FIORE, V., DE JO-ANNA, P. Urban Maintenance as strategy for sustainable development.

[23] GASPAROLI, P. *Le superfici esterne degli edifici. Degradi, criteri di progetto, tecniche di manutenzione*, p.21.

[24] GASPAROLI, P. nota 23, p.21.

[25] Per la definizione di guasto si può fare riferimento a CIB W86, *Building Pathology*: deterioramento che rende inutilizzabile o non più rispondente alla sua funzione un elemento tecnico o una sua parte.

[26] LAZZARINI, L., LAURENZI TABASSO, M. *Il restauro della pietra,* p.15.

[27] FANCELLI, P. *Il restauro dei monumenti*, p. 301.

[28] RICCIO, A. *L'ambiente e il degrado dei materiali*, p. 97.

[29] GASPAROLI, P. nota 23, p.22.

[30] Si tratta di idropitture che utilizzano come legante polimeri filmogeni in dispersione acquosa e hanno un'ottima aderenza al supporto, una buona durabilità, una buona resistenza agli agenti atmosferici ed inquinanti e una facilità di messa in opera e di uniformità notevole. Si veda FRANCESCHI, S., GERMANI, L. *Linee guida per il recupero architettonico*, in: PONTE, *L'informazione essenziale di Tecnica e Legislazione per costruire*.

[31] Si pensi soprattutto alla trasformazione del rosso mattone, costituito originariamente da Terra di Siena bruciata, nei i rossi artificiali, le cui sfumature e i cui riflessi producono anche toni violacei, assolutamente estranei al colore originario.

[32] Tale degrado, su cui sono stati fatti molte sperimentazioni e verifiche, è stato descritto da Giovanna Alessandrini in un *Seminario sul degrado*, tenutosi a Napoli, presso la Facoltà di Architettura, nel 1998.

[33] C.N.R., I.N.C.B.C. *Il Centro Storico di Ortygia*.

[34] MEUCCI, C. *Caratteristiche dei materiali lapidei naturali e loro alterazioni*, in: MINISTERO PER I BENI CULTURALI, ISTITUTO CENTRALE PER IL RESTAURO, *Diagnosi e progetto per la conservazione dei materiali dell'architettura* p.184.

MAGRELLI, B., MEUCCI, C. eds., *Degrado e conservazione dei materiali lapidei*.

[35] CNR, nota 33, p. 33.

The knowledge system. Stone and plaster

The learning processes lead towards an improvement of knowledge. In this way, methods for the acquisition of the informations and filing systems.

To analyse a handiwork means to know the story of it, the events that happened, the functions that it assumed, the transformations that it was subjected to and, not last, the materials it was built and changed with during the time. This is the diagnosis process and part of the materials.

The stone, as natural material and as material for architecture, was used since always in the place where it was available in surfacing. The "natural" quality of the stone emerges. Natural stone for building, for decorating, for covering.

When the covering is the main topic of conversations, the problem linked to the aspect of the stone must be referred to as a lithotype collection that gives variety of the same coverings, this because the use of it is often linked to the presence of more stones. The distribution of the lithotype in the Syracuse territory is very varied. The building of the past were made with materials one very similar to the other for the colour, structure and composition; the greatest part of the Buildings was realized with a stone obtained from different pits and connected to different layers of only one product: the calcarenite.

In the Syracuse territory there are yellowish miocene calcarenites, porous and fossiliferous, from the Palazzolo Formation, and there are pliocene limestones very permeable(named as tufigna stone or tabbia) used just for litte parts of the building.

The Syracuse stone, when it is not modified, has a compact structure, not affected by microgaps. It has widespread bioclasts and a regular porosity. The composition is the 97% chalky. The recovery of the surface elements happens thanks to the respect of what exists and of innovative actions, suggested by the needs linked to the contemporary living, with technological and building solutions imposed by tradition. In this sense, the intervention will imply the subtraction of materials as less as possible and it will be directed towards the protection of as much parts as possible.

The knowledge is a solid procedure composed by an analytic phase and by a diagnosis; it implies a series of activities related to the place to the needs to fulfil, to the parts to re-establish or complete or replace.

The diagnosis activities, in particular, investigate the conditions of preservation of the materials, the technology with which these materials were put at work, the performance levels were created and the capacity of lasting as the time passes. The main element of the diagnosis process is the status of the preserved material put at work.

The condition of the preservation shows the capacity of a technological element or a device to keep its quality in the time. It marks all the parts of the technological system and it can be detected and controlled during the time. The worsening of the conditions determines the appearing of phenomena of material and functional decline, degradation and damages.

The decay is a phenomenon deeply linked to the interaction between the characteristics of the material and the environment; in fact in different microclimatic conditions the same material can have other reactions. As far as the contextualization elements, in the analysis of the decay of the facades the following elements were found: exposition of the surface; presence and extension of the spaces and the opposite surfaces; position as opposed to the sea; position relative to the winds; presence of the car traffic.

It is considered very important going into these contextualization factors and specifying the summer and winter sunstrokes and ventilations; the kind of road traffic (if car traffic or motorcycle or pedestrian traffic), the section of the road and the height of the opposite buildings, the presence of the repairing, changing and the destination of the actions of use.

It has been widely demonstrated how important is to introduce among the elements of location even all that concerns the car traffic and the dimension of the spaces around the facade.

The application of these concepts leads to a collection of the facts concerning: hystorical and morphological elements of the urban structure in relation to the building stratification of Ortigia; features of the stone materials (extracted by a survey at first sight); generic detection of the chemical and physical degradations present in the stone surface in the district taken under investigation; Detection of the expositive and contextualization elements.

For Ortigia, it is necessary to highlight, in first place, the uniformity of the results in the whole area because similars are the conditions all around that establish the aspect and the evolution, and, in second place, the variety of the existing forms, connected to multiple causal factors for sure.

The most frequent environmental features are: internal street of section from four to five meters; constant average height of the buildings, equal to three/four elevations outside the ground; area protected from the winds except the stretch nearby the promenade; high vehicle traffic.

The observation of the forms of degradation in the facades of Ortigia brought to the analysis of the microclimatic elements and to the importance that they have in the formation of the degradation.

With the support of different studies that connected the degradation evolution to the presence of characterizing environmental factors, it was carried on a comparison between similar phenomena of degradation and the environmental characteristics of every area. From this comparison, it emerged that the degradation, which is mostly subjected to the influence of the wind currents and of the weather conditions, is the presence of the black crusts.

In fact, this phenomenon was compared to the road network of the island and it emerged that:
- the influence of the road schemes and, thus, the relationship with the road- elevation of the buildings, even in presence of a moderate vehicle traffic – favours the deposits, relevant too, because of the stagnation of the air circulation;
- It is reduced or almost nonexistent the presence of deposits on the surfaces exposed to the wind currents and not marked off by the road schemes, even in presence of high vehicle traffic.

I materiali di Ortigia e gli interventi con i consolidanti

Salvatore La Delfa

L'oggi e l'ieri sono le pietre con le quali costruiamo.
Henry Wadsworth Longfellow

Il recupero edilizio necessita di una conoscenza profonda dei diversi fenomeni e processi di alterazione e di degrado, dei differenti materiali utilizzati o utilizzabili e degli interventi che sono stati eseguiti sull'oggetto edilizio negli anni precedenti. Ciò significa che non si può prescindere dell'ausilio delle discipline scientifiche sperimentali nelle diverse fasi di un intervento conservativo (e, in particolare, durante le fasi di diagnostica, pulitura e consolidamento). La chimica è, quindi, a servizio del recupero attraverso la conoscenza materica del Bene edilizio. Qui di seguito sono proposti alcuni esempi di applicazione delle metodologie nel campo dei Beni edilizi, riportando alcuni casi studio relativi al patrimonio dell'isola di Ortigia. Nella seconda parte è presentato lo stato dell'arte dei materiali consolidanti utilizzati.

Casi studio

Caratterizzazione delle croste nere del patrimonio architettonico degradato

Un esempio di utilizzo della diagnostica nel campo dei Beni edilizi è il lavoro di studio e di caratterizzazione delle croste nere prelevate dai monumenti storici presenti ad Ortigia.

Il veloce processo di degrado dei monumenti, osservato negli ultimo anni, è direttamente legato all'aumento degli inquinanti atmosferici, che causano il deterioramento delle superfici esterne attraverso la formazione di croste. Ortigia è sottoposta sia a uno sfavorevole ambiente marino e sia ad un intenso ed esteso inquinamento ambientale dovuto alle emissioni delle automobili e delle industrie anche se, negli ultimo anni, tentativi sono stati fatti allo scopo di diminuire la quantità di inquinanti presenti nell'aria.

La caratterizzazione delle croste nere ha mirato all'identificazione delle fasi cristalline, alla determinazione della composizione chimica e della natura delle particelle trovate all'interno delle croste. Per eseguire lo studio è stato effettuato un campionamento micro distruttivo e i campioni sono stati analizzati attraverso diverse tecniche analitiche come, per esempio, la spettroscopia di fotoelettroni a raggi X (XPS), la diffrazione a raggi X (XRD), la microscopia a scansione elettronica (SEM) e microanalisi con raggi X a dispersione di energia (EDX). Le analisi eseguite hanno messo in evidenza che le croste nere sono costituite da gesso (solfato di calcio con lo

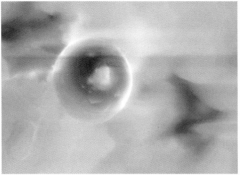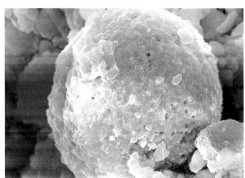

Fig. 2 – Particelle sferiche trovate all'interno delle croste nere.

zolfo nello stato di ossidazione +6) che si trova nella struttura cristallina denominata «Rosa del Deserto». Inoltre, sono state trovate nelle croste nere tre tipologie di particelle sferiche: a) particelle sferiche con un diametro medio di 10 μm, formate da particelle più piccole agglomerate tra di loro e costituite principalmente da calcio e zolfo; b) particelle sferiche e lisce con diametro di circa 4 μm completamente libere da cavità e che posseggono l'elemento ferro; c) particelle carboniose spugnose e porose con diametro di circa 12 μm che posseggono il piombo. In base a queste analisi possiamo affermare che le particelle presenti nelle croste nere svolgono un ruolo catalitico, hanno una origine di tipo antropogenica e sono dovute all'attività degli inquinanti atmosferici[1].

Studio degli intonaci del tessuto urbano del quartiere «Graziella-Ortigia» di Siracusa

Un altro esempio di studio materico e di diagnostica applicata ai Beni edilizi è rappresentato dall'analisi degli intonaci del tessuto urbano del quartiere storico della Graziella di Ortigia. Lo studio è stato intrapreso al fine di determinare le caratteristiche chimico-fisiche degli intonaci messi in opera, le cause, il tipo e l'entità di degrado presenti, in maniera tale da poter progettare al meglio eventuali successivi interventi di manutenzione e conservazione, nel rispetto della tradizione architettonica utilizzata per la costruzione delle abitazioni e delle informazioni storico-culturali[2]. Diverse tecniche di indagine diagnostica sono state utilizzate: Diffrattometria di raggi X (XRD), misure di conducibilità elettrica, Microscopia Ottica (MO), misure di cromatografia anionica. Durante questo lavoro sono stati prelevati 11 campioni da diversi edifici del tessuto urbano del quartiere "Graziella" in Ortigia. Dalle analisi eseguite si evince come in tutti i campioni il legante principale sia costituito da calcite. Alcuni campioni mostrano la presenza di gesso molto probabilmente dovuta all'uso di scagliola nella realizzazione degli impasti. La presenza del quarzo è riferibile agli inerti usati che, sebbene siano costituiti per la gran parte da sabbie calcaree fossilifere, contengono una certa quantità di granuli quarzosi. La weddellite (ossalato di calcio) presente in un solo campione è sicuramente da mettere in relazione con la presenza di agenti biodeteriogeni quali alghe e licheni. Alcuni campioni presentano un elevato contenuto di sali solubili, come è possibile estrapolare dai valori di conducibilità, dovuto sia all'utilizzo del gesso usato per la realizzazione delle malte sia al meccanismo di risalita d'acqua per capillarità. Un eventuale recupero dovrebbe, quindi, prevedere una bonifica dell'umidità di risalita e l'uso di malte macroporose. Queste alte percentuali di sali solubili presenti negli intonaci possono essere giustificate dalla particolare esposizione ambientale degli edifici da cui questi intonaci sono stati prelevati. Infatti, l'isola di Ortigia rappresenta un caso studio particolare in quanto gli edifici appartenenti al tessuto urbano sono sottoposti, durante l'anno, a condizioni e variazioni climatiche estreme che permettono, in taluni momenti, anche la deposizione massiccia di aerosol marino (contenente concentrazioni elevate di sali di sodio) sulle superfici esterne degli edifici. Alcuni campioni mostrano valori elevati di solfati, in accordo con il valore di conducibilità elettrica osservata. Analizzando i campioni provenienti dagli edifici del quartiere della "Graziella" di Ortigia è stato osservato che i principali processi di degrado delle malte, degli intonaci interni ed esterni e delle coloriture poste su di esse dipendono oltre che dal naturale invecchiamento dei materiali anche dai meccanismi di salificazione, di decoesione, di esfoliazione e dagli effetti derivanti dell'inquinamento atmosferico, dai depositi di sporco. I supporti murari esterni sono generalmente costituiti da diversi strati, sovrapposti l'uno sull'altro, alcuni dei quali risultano colorati in rosa/rosso grazie all'aggiunta di ossido di ferro trivalente macinato in maniera estremamente fine. L'aggiunta degli strati di intonaco derivano molto probabilmente alle operazioni di manutenzione che si sono susseguite negli anni (dovute a modifiche funzionali, passaggi di

proprietari o semplice protezione dell'immobile). Gli intonaci interni sono costituiti oltre che da uno strato di intonaco di supporto, da una pellicola pittorica costituita da diversi strati di idropittura derivanti da ridipinture eseguite nel tempo oppure da più mani di pittura (soprattutto gli strati con colori simili). In generale, gli intonaci presentano macro porosità primaria evidenziata da pori di forma sferica e sub-sferica e di porosità secondaria con pori di forma irregolare testimoniando lo stato di degrado in corso. L'inerte dell'intonaco è generalmente costituito da una sabbia calcarea dove sono visibili frammenti micro fossili. In taluni casi, è stata trovata negli intonaci l'aggiunta di sabbia vulcanica e di sabbia quarzosa. I clasti degli inerti hanno delle dimensioni medie/grosse. Il legante è generalmente a base di calce. Gli inerti ed i leganti utilizzati sono tipici delle abitazioni degli edifici urbani di tipo popolare.

Studio e monitoraggio di intonaci di risanamento messi in opera negli edifici di Ortigia

È stato svolta una attività di monitoraggio, di studio e di indagine di due intonaci (A e B) contenenti fibre rinforzanti messi in opera negli ultimi 10 anni in Ortigia. In particolare, lo studio ha riguardato alcuni prodotti sperimentali che sono stati applicati nei pannelli presenti sulla facciata, esposta ad est, della Caserma Caldieri, sul lungomare di Levante nel 1997. Gli intonaci analizzati sono materiali compositi in quanto costituiti da una matrice e da fibre di rinforzo (utilizzate perché sono leggere, rigide e resistenti)[3]. Nella caratterizzazione dei due intonaci, oltre alla comprensione della natura chimico-fisica delle fibre e della matrice, è stata studiata la zona di interfaccia tra fibra e matrice, in quanto solo attraverso questo tipo di studio è possibile pervenire ad una corretta

Fig. 3 – Intonaco B: a) e b) immagine SEM delle fibre; c) aghetti di silicati di calcio legati alle fibre.

interpretazione del comportamento del materiale composito stesso[41]. La fibra svolge essenzialmente una funzione di sopportare il carico, di fungere da barriera per le eventuali fratture della matrice, di impartire rigidezza al composito14. La matrice, invece, distribuisce i carichi e li trasferisce alla fibra, tenendole assieme, distanziandole e proteggendole dall'ambiente esterno. L'interfaccia accoppia la fibra alla matrice e trasferisce gli sforzi dalla matrice alle fibre. Le fibre di carbonio sono prodotte per modificazione di fibre organiche (rayon, acriliche, ecc.) o da residui della distillazione del petrolio o del catrame. Esse presentano proprietà di tensione a trazione e modulo elastico elevati[5]. Le fibre di vetro hanno proprietà di durezza, resistenza alla corrosione e inerzia chimica ed hanno la struttura del vetro, ma le ridotte dimensioni della fibra rendono minimi i difetti presenti nel materiale, conferendo buone proprietà meccaniche.

Esaminando i risultati delle analisi eseguiti si osserva che la quantità alta di sali solubili presenti nei campioni degli intonaci analizzati è dello stesso ordine di grandezza per tutti i campioni ed è in linea con quanto osservato in altri lavori relativi alle finiture di edifici presenti nell'isola di Ortigia.

Le fasi cristalline prevalenti in tutti i prodotti sono la calcite e il quarzo, in quantità variabili da campione a campione, mentre i clasti di quarzo si presentano scarsamente angolosi ravvisando una origine fluviale o alluvionale. Alcuni campioni di intonaco presentano poche bollosità, mentre altri sono vistosamente macroporosi. L'intonaco A presenta fibre organiche di diametro 15-20 micrometri, probabilmente aggiunte all'intonaco in fase di posa in opera. L'intonaco B contiene fibre di vetro di diametro da 10 a 15 μm. Le dimensioni delle fibre e la loro particolare tenacità sono tali da non produrre alcun frammento respirabile. Le fasi idrauliche sono costituite da silicati di calcio e magnesio. Ad elevati ingrandimenti hanno l'aspetto di nano aghetti dello spessore di circa 100 nanometri e la lunghezza di circa un micrometro. L'adesione alla superficie delle fibre è (testimoniato dalla presenza di centri di nucleazione dei silicati di calcio sulla superficie delle fibre). E' stato osservato, inoltre, che le fibre di vetro sono state arricchite di ossido di zirconio che conferisce loro una notevole resistenza all'ambiente alcalino in cui si vengono a trovare.

Materiali per il consolidamento

I beni edilizi richiedono di essere preservati e manutenuti nel presente per il beneficio delle future generazioni. Questa attività è svolta da un gruppo di professionisti qualificati che, applicando i concetti di "minimo intervento", di "reversibilità" e "compatibilità" intervengono sui Beni edilizi utilizzando opportunamente i materiali appropriati[6]. In questa parte del lavoro si focalizza l'attenzione sui materiali che sono utilizzati per il consolidamento. Il consolidante è una sostanza che viene fatta penetrare all'interno di un materiale allo scopo di ricostruire la coesione del materiale stesso[7], conferendo una particolare aggregazione ai materiali che hanno perso le condizioni dello stato iniziale. Anche se alcuni consolidanti hanno proprietà protettive, almeno dal punto di vista concettuale, un consolidante deve essere distinto da un protettivo, soprattutto, nella fase di scelta dei formulati da utilizzare. Un prodotto consolidante, deve possedere i seguenti requisiti fondamentali:
- il prodotto deve essere compatibile, fisicamente e chimicamente, con la pietra su cui è applicato;
- il consolidante deve poter penetrare nella pietra in maniera uniforme;
- il consolidante deve semplicemente ridurre in parte la porosità della pietra evitando di chiuderla completamente;
- il consolidante deve essere resistente fisicamente alle pressioni generate dai sali precipitati ed accumulatesi nel tempo sia all'interno che all'esterno della pietra;
- inerzia chimica deve essere mostrata nei confronti degli agenti atmosferici per mantenersi inalterato nel tempo;
- un consolidante deve mostrare una certa reversibilità rimanendo solubile in un certo solvente, in maniera tale che se necessario possa, essere, anche se parzialmente, rimosso. Il consolidamento può essere ottenuto mediante quattro tipi di prodotti: consolidanti organici, consolidanti inorganici, consolidanti inorganici di tipo silicico (che posseggono proprietà intermedie ai due precedentemente menzionati) e, infine, consolidanti inorganici nanoparticellari.

Consolidanti organici

A partire dal 1950 materiali polimerici di sintesi sono stati impiegati come consolidanti nel campo della conservazione dei manufatti. Negli anni, però, è stata evidenziata una scarsa compatibilità chimica fra i materiali polimerici e i manufatti di interesse storico-artistico che ha determinato un ulteriore degrado osservabile essenzialmente all'interfase tra il consolidante organico di sintesi e la pietra e dovuti ai processi degradativi (processi di crosslinking e di depolimerizzazione, originatesi da fenomeni fotochimici e termochimici, ed attacco biologico) che hanno determinato il loro invecchiamento (essenzialmente infragilimento ed alterazione cromatica)[8]. Tutto ciò è derivato dal fatto che materiali polimerici di sintesi impiegati non sono stati espressamente progettati per il campo del restauro ma in genere per altre applicazioni. Si individuano due grossi gruppi di polimeri di sintesi utilizzati nel campo del restauro:le resine di poliaddizione e le resine di policondensazione.

Consolidanti inorganici

I prodotti inorganici, in genere, sono affini ai manufatti lapidei e risultano essere più duraturi nel tempo se confrontati alle sostanze organiche. Il consolidamento con un materiale inorganico avviene attraverso la formazione di precipitati insolubili all'interno dei pori capillari del materiale lapideo con riduzione parziale della dimensione dei pori. Il miglioramento delle proprietà meccaniche dipende dal tipo e dall'abbondanza dei legami che si stabiliscono tra il composto che precipita e i costituenti del materiale lapideo. I materiali inorganici essendo di natura cristallina sono, però, più fragili e meno elastici dei prodotti organici.

Consolidanti a base di silicio

I polimeri semi-inorganici a base di silicio, che possono essere considerati derivati da molecole (monomeri) di silano (SiH_4), hanno trovato largo impiego nel campo della conservazione e recupero dei manufatti in pietra. Il meccanismo di consolidamento prevede l'idrolisi dei silicati e la precipitazione di silice idrata amorfa chc, interagendo con i minerali della pietra attraverso legami ionici o condensazione dei gruppi idrofili –OH, dà la formazione di ponti Si–O–materiale con successivo processo di disidratazione e polimerizzazione[9].

Idrossido di Bario

L'uso dell'idrossido di bario come consolidante (essenzialmente per le pitture murali ma anche per i manufatti lapidei) si effettua attraverso il metodo Ferroni-Dini, che prevede le applicazioni successive di una soluzione satura di carbonato di ammonio e di una soluzione di idrossido di bario su una superficie degredata da solfato di calcio biidrato ($CaSO_4 \square 2H_2O$ selenite o gesso) formatosi in seguito all'interazione superficiale della pietra con l'ambiente esterno inquinato (anidridi dello zolfo, inquinanti atmosferici)[10].

Calce e bicarbonato di calcio

Calce e bicarbonato di calcio in soluzione acquosa, danno precipitazione di carbonato di calcio. Le reazioni che entrano in gioco sono essenzialmente di carbonatazione e l'azione consolidante è effettuata dal carbonato di calcio, $CaCO_3$, che precipita all'interno dei pori (e, quindi, ne riduce il volume) e che si lega chimicamente con i minerali presenti, rinsaldandoli tra loro[11]. Il problema principale è che l'idrossido di calcio in acqua presenta una bassa solubilità (1,7 g/L a 20°C) che rende difficile la preparazione di soluzioni concentrate. Inoltre, le dispersioni di idrossido di calcio in acqua non sono stabili e tendono a sedimentare molto velocemente.

I biomateriali

I biomateriali sono stati di recente utilizzati nel campo del consolidamento dei beni edilizi. Nel processo di biomineralizzazione un organismo vivente fornisce un ambiente chimico che controlla la

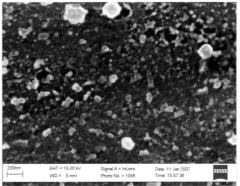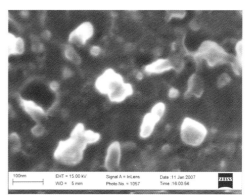

Fig. 4 – Immagini SEM riportanti le particelle nanodimensionate di Sr(OH)$_2$

nucleazione e la crescita delle fasi minerali ottenendo biomateriali con un ordine strutturale che è superiore a quello osservato nei materiali inorganici o a quelli di sintesi, con la possibilità di regolare le dimensioni delle particelle, la forma, l'orientazione del cristallo, la tessitura dei difetti e il modo come le particelle si assemblano. Sono stati utilizzati diversi enzimi per catalizzare la precipitazione di forme diversi di minerali inorganici da poter utilizzare nel campo dei beni culturali. In questo senso va ricordato anche la formazione di minerali carbonatici mediante batteri (carbonatogenici)[12].

I sistemi nanostrutturati

Negli ultimi anni, la preparazione e la caratterizzazione di composti inorganici costituiti da particelle con dimensioni dell'ordine dei nanometri hanno attratto un notevole interesse e questo è considerato uno dei campi più importanti e promettenti nei prossimi decenni. Le nanostrutture rappresentano uno stato della materia intermedio tra quello delle molecole e quello delle strutture di bulk e posseggono, tra l'altro, una elevata estensione superficiale che influisce sulle loro proprietà chimico-fisiche[13]. Le applicazioni innovative dei nanomateriali si basano su alcune proprietà uniche che le nanoparticelle posseggono e, in funzione di esse, è giustificato che la ricerca di nuovi materiali e dispositivi basati su strutture nanometriche rappresenta un obiettivo primario per la scienza dei materiali.

Sebbene numerose tecniche siano stati sviluppate, la sintesi di nanoparticelle non è semplice a causa della loro tendenza termodinamica ad agglomerarsi in strutture di bulk, alle basse quantità di nanomateriale prodotto e alla difficoltà di ottenere una bassa eterogeneità dimensionale. Tra i materiali nanoparticellari prodotti ed utilizzati al campo dei Beni edilizi ricordiamo: l'idrossido di calcio nanoparticellare e l'idrossido di stronzio nanoparticellare, utilizzati come consolidanti per pitture murali (affreschi), carta, e materiali lapidei[14].

L'apatite e il metodo «biomimico».

Recentemente è stato proposto il metodo «biomimico» per il consolidamento delle pietre calcaree degradate attraverso l'utilizzo di apatite. La strategia di questo metodo è di mimare la crescita delle ossa: calcio e fosforo sono introdotte nella pietra degradata e, successivamente, all'interno viene fatta avvenire la mineralizzazione a temperatura ambiente[15][26]. Per evitare l'erosione dai sali solubili, la sorgente di calcio utilizzata è una dispersione di nanoparticelle di idrossido di calcio, mentre la sorgente di fosforo è il fosfato di ammonio.

[1] FRUHSTORFER, P., NIESSNER R. *Identification and classification of airborne soot particles using an automated SEM/EDX*, in «Mikrochim. Acta», 1994, n. 113, pp. 239-250;

GRGIC, I., HUDNIK, V., BIZJAK, M., LEVEC, J. *Aqueous S(IV) oxidation - III. Catalytic effects of soot particles*, in «Atmospheric environment», 1993, n. 27A, 9, pp. 1409-1416;

IMAHASHI, M. MIYOSHI, T. *Transformations of gypsum to calcium sulphate hemihydrate and hemihydrate to gypsum in NaCl solutions*, in «Bull. Chem. Soc. Jpn», 1994, n. 67, pp. 1961-1964;

BINDA, L., SAISI, A. *Il ruolo delle indagini nella diagnostica strutturale*, in «http://www.beniculturali.polimi.it/».

[2] DEZZI BARDESCHI, M. *La memoria e il tempo, ovvero la permanenza e la mutazione*, «Recuperare», 1982, 2.

GASPAROLI, P. *Le superfici esterne degli edifici. Degradi, criteri di progetto, tecniche di manutenzione*, Firenze:Alinea Editrice, 2002.

BEZERRA, E. M., JOAQUIM, A.P., SAVASTANO, H. :in *Conferência Brasileira de Materiais e Tecnologias Não-Convencionais: Habitações e Infra-Estrutura de Interesse Social Brasil-NOCMAT*, 2004, pp. 33-43.

[3] PODEBRADSKÁ, J., DRCHALOVÁ, J., ROVNANÍKOVÁ, P., ESTÁK, J. in «Journal of Thermal Analysis and Calorimetry», 2004, n. 77, pp. 85–97.

GENG, Y., LEUNG, K.Y. in «Journal Of Materials Science», 1996, n. 31, pp. 1285-1294.

GEMELLI, E., LOURENCI, S., FOLGUERAS, M. V., ALMEIDA CAMARGO, N. H. in «Cerâmica», 2004, n. 50 pp. 336-344.

[4] HUANG, C. M., DONG ZHU, XIANG-DONG CONG, KRIVEN, W. M., in «J. Am. Ceram. Soc.», 1997, n. 80, 9, pp. 2326–2332;

BETIOLI, A.M. *10DBMC International Conference On Durability of Building Materials and Components* LYON, France, 17-20 April 2005.

[5] B. PELED, A. MOBASHER in «Proceedings, 7th International Symposium on Brittle Matrix Composites (BMC7)», Warsaw, Poland, 2003, pp. 505-514. LAZZARINI, L., LAURENZI TABASSO, M. *Il restauro della pietra*.

[6] MATTEINI, M., MOLES, A. *La chimica del restauro. I materiali dell'arte pittorica*, Firenze: Nardini editore, 1993.

[7] BAGLIONI, P., CARRETTI, E., DEI, L., FERRONI, E., GIORGI, R. *Elisir di lunga vita per le opere d'arte*, in «Darwin-bimestrale di scienza», 2005, n.5, pp. 26-33.

[8] GASPAROLI, P. nota 2.;

MARTUSCELLI, E. *I polimeri nell'arte*, in www.eziomartuscelli.net.

[9] BAGLIONI, P., CARRETTI, E., GIORGI, E. *Nanotechnology in wall painting conservation*, in «Self-Assembly», 2003, pp. 32-41.

[10] BAGLIONI, P., CARRETTI, E., DEI, L., FERRONI, E., GIORGI, R. *Elisir di lunga vita per le opere d'arte*, in «Darwin», 2001, pp. 26-33.

[11] BAGLIONI, P., GIORGI, R. *Soft and hard nanomaterials for restoration and conservation of cultural heritage*, in «Soft Matter», 2006, n. 2, pp. 293–303.

[12] DUAN, Y., HUANG, R., AGARWAL, C.M., LIEBER, A. in «Nature», 2003, n. 421, pp. 241.

[13] BAGLIONI, P., CARRETTI, E., DEI, L., GIORGI, R. *Nanotechnology in wall painting conservation*, in «Self-assembly», 2003, B.H. Robinson (Ed). IOS Press, pp 33-41.

[14] CILIBERTO, E., CONDORELLI, G.G., VISCUSO, E., LA DELFA, S. *Nanoparticles of Sr(OH)2: synthesis in homogeneous phase at low temperature and application for cultural heritage artefacts*, in «Applied Physics A», 2008, n. 92, pp. 137–141.

[15] JIMENEZ-LOPEZ, C., RODRIGUEZ-NAVARRO, C., PIÑAR, G., CARRILLO-ROSÚA, F.J., RODRIGUEZ-GALLEGO, M., GONZALEZ-MUÑOZ, M.T. in «Chemosphere», 2007, n. 68, pp. 1929-1936.

The materials of Ortigia and the intervention with the consolidating elements

Salvatore La Delfa

The building recovery needs deep knowledge of the the different phenomena and of the decay and alteration processes, of the different materials used and usable and the interventions made in the built object in the previous years. This means that one can consider but the help of the scientific-experimental disciplines in the different phases of a preservative intervention (and , in particular, during the diagnosis, cleaning and strengthening phases). So, science is in favour of the recovery through the material knowledge of the Construction Good. Here, below, are shown some examples of scientific methodologies in the Construction Goods' sector, including some cases concerning the Ortigia island heritage. An example of using the diagnosis in the field of the Construction Goods and the determination of the features of the black crusts in the external surfaces in Ortigia.

The quick process of the building decay, observed in these years, is linked to the increasing of contaminating agents. Ortigia is subjected both to a contrary marine environment and to a full and widespread environmental pollution because of vehicle and fabric the ejections. The determination of the black crusts identified crystalline phases, the chemical composition and the nature of particles found inside the crusts.

To do the research was carried out a micro destructive sampling and the samples were analyzed through the X-ray spectroscopy of photoelectrons (XPS), x-ray diffraction (XRD), the electron microscopy or scanning electron (SEM) an x-ray loss energy microanalysis (EDX). The analysis made put in evidence that the black crusts are made by chalk (calcium sulphatem with sulphur in the oxidation state +6) that is present inside the crystalline structure named «Rose of the Desert ». Moreover, three typologies of spheric particles were found. Accordino to the analysis, the particles in the black crusts play a catalytic role, have an origin of anthropogenic nature and they are caused by the activities of the contaminatine agents.

Another example is represented by the analysis of the plasters of the external surfaces of the Graziella. The study determined the chemical-physical characteristics of the plasters, the causes, the type and the entity of the decay present through X-ray Diffraction (XRD), measures of electrical conductivity, Optic Microscope (MO), measures of anionic cromatography. From the analysis it is clear as the main bond is made of calcite. The presence of the quartz is related to the used inert materials that contains a certain quantity of quartz granules. Some samples have a high content of salts soluble for the particular exposition of the building.

It was observed that the main decay processes of the mortars, of the plasters and of the clouration depend on salification mechanisms, on decoesion, on delamination and on the effects coming from the atmospheric contamination, on the filth deposits.

Examining the results it is possible to see that he high quantity of the soluble salts present in the samples of the plasters is the same more or less for all the samples and it is right in line with what was observed in other works concerning the building finishes in the island of Ortigia.

Osservatorio sui fenomeni di degrado per le superfici esterne di Ortigia

Il quadro dà vita all'osservatore,
che a sua volta lo fa rivivere per sé.
Erich Fromm, *L'arte di ascoltare*

Stato di conservazione e degrado del rivestimento lapideo sulle superfici esterne

Le condizioni di stato esprimo il trascorrere del tempo e i danni che esso provoca su manufatti, beni o elementi tecnici.

Nella prassi del recupero è forte il principio di trasformazione nel tempo che porta a mediare tra esigenze dell'utenza e conservazione dell'identità e della memoria dell'edificato. In questo, il degrado del manto di protezione è

«il risultato, nella maggior parte dei casi, di una lunga esposizione al contesto ambientale locale, nonché, delle caratteristiche tipologiche dell'edilizia storica dell'abitato. Va però precisato che gli agenti patogeni sono ancor oggi attivi e quindi continua la loro negativa interazione con le superfici, sia quelle storiche che quelle recentemente ricostituite»[1].

Il processo di alterazione del costruito inizia immediatamente dopo la messa in opera, in generale all'atto dell'estrazione del materiale lapideo, come conseguenza degli sforzi meccanici prodotti dal distacco dei blocchi e del contatto con l'aria. Le lavorazioni successive possono provocare delle microfessure che, in determinate condizioni climatiche, favoriscono l'innesco di alcuni degradi. Anche una non perfetta messa in opera concorre a produrre degrado: può generare "fessurazioni preferenziali" e mancanze di notevole intensità. Il processo di degrado, inevitabile per alcuni tipi di pietre, può essere bloccato, rallentato o eliminato se preso in tempo, se si interviene con mezzi, materiali e tecniche idonee.

Ogni degrado ha la sua evoluzione, le sue manifestazioni e i suoi effetti. In genere i degradi che più frequentemente ricorrono sul materiale lapideo di Ortigia sono:
- alveolizzazione;
- erosione;
- croste e deposito superficiale;
- presenza di vegetazione e microflora (patina biologica)[2].

Per quanto riguarda l'alveolizzazione, manifestazione ampia-

mente presente sul rivestimento lapideo di Ortigia, si può osservare che la pietra, talvolta in maniera appariscente, altre in maniera più limitata, ha un aspetto sconnesso, con forte presenza di alveoli e una discreta quantità di polvere. In alcuni casi i conci possono anche perdere la loro funzione statica o di rivestimento.

Nei casi più gravi il degrado colpisce per intero il concio, lasciando invece visibile e in migliori condizioni il giunto di malta.

Ci sono poi frequenti casi in cui all'alveolizzazione si affianca o si sovrappone un altro degrado: si può trattare di alterazione

DEGRADI	EFFETTI
Croste nere	Depositi di polveri presenti nell'aria causate da uno scarso ricircolo e dalla presenza di edifici alti che ne impediscono il rinnovamento Presenza di particellato atmosferico composto da ossidi Presenza di depositi su superfici riparate dai venti
Alveolizzazione	Presenza di ventilazione frontale e radente proveniente da est Presenza di ventilazione proveniente da invasi stradali o larghi limitrofi Elevata umidità dell'aria
Erosione	Presenza di ventilazione frontale e radente proveniente da varie direzioni Vicinanza al mare Elevata umidità dell'aria
Patina biologica	Mancanza di ricambio dell'aria Mancanza di soleggiamento Presenza di umidità nell'aria
Flos tectorii	Mancanza di ricambio dell'aria Mancanza di soleggiamento Presenza di elevata umidità dell'aria
Mancanza e distacco	Mancanza di efficaci sistemi di convogliamento delle acque piovane e nere Mancanza di ventilazione Mancanza di soleggiamento Presenza di umidità nell'aria

Fig. 2 – Caratteristiche del degrado sul rivestimento lapideo di Ortigia.

cromatica che schiarisce l'interno dell'alveolo, di esfoliazione visibile all'interno dell'alveolo prima della sua interconnessione, di deposito superfiale e croste, nati dall'accumulo del particellato atmosferico, poi consolidatosi.

Ancora da rilevare sono le diverse direzioni che il degrado segue nella sua evoluzione che, con ogni probabilità, vengono influenzate dalle correnti eoliche presenti, dalla tessitura del materiale lapideo e dalle sue caratteristiche chimiche.

L'alveolizzazione in genere si colloca in zone non troppo alte e poco esposte ai fenomeni eolici, fa eccezione un tipo di calcarenite, impiegata per esempio nella chiesa di San Giuseppe, su cui il fenomeno è palesemente diffuso anche ad altezze notevoli, con intensità importanti. Si veda il rivestimento lapideo in piazza Duomo, sulla superficie esterna di palazzo Arezzo della Targia, su cui l'alveolizzazione ha prodotto un degrado talmente spinto da sembrare artificiale. Tale manifestazione non è più visibile perché è stata oggetto di intervento alcuni anni addietro.

Si deve precisare che l'alveolizzazione attecchisce meglio su un tipo di calcarenite poco cementata, di colore giallognolo che appare più permeabile. Per i rivestimenti lapidei l'alveolizzazione si accentua:
- sulle superfici maggiormente esposte ai venti dominanti, ed in particolare su quelle esposte a Levante;
- su superfici direttamente esposte all'azione del vento, su cui si producono elevate accelerazioni.

L'erosione compie sulla pietra un lavoro ripetitivo che, alla fine di un breve periodo di tempo, porta la superficie a disgregarsi e a perdere di definizione. Il materiale su cui principalmente si manifesta è la calcarenite gialla. Le superfici esterne di Ortigia appaiono, ad una prima osservazione, poco erose.

Ad una disamina più attenta invece è evidente la forte presenza di questo degrado su paramenti esposti ad una notevole ventilazione, su mensole ed elementi architettonici localizzati in zone a ventilazione radente.

Le croste nere caratterizzano fortemente le zone ad alto traffico veicolare e a notevole ristagno d'aria. Esse investono zone poco ventilate e si depositano su elementi a rilievo quali mensole e cornici; l'alta concentrazione di traffico veicolare favorisce largamente i processi di tipo chimico che sono piuttosto veloci e generano croste di particolare gravità.

Le croste particolarmente spesse, subiscono dilatazioni ad opera dei raggi solari, si rompono e cadono portando con sé il materiale lapideo sottostante. Provocano fenomeni di perdita di materiale ed erosione. La frammentazione avviene a causa dei differenti moduli elastici di pietra e crosta che si dilatano in maniera diversa.

La patina biologica, sul rivestimento lapideo, è invece fenomeno poco presente. Si notano cornici sommitali e qualche raro ballatoio lapideo su cui questo fenomeno si manifesta. È osservabile nelle zone con circolazione dell'aria limitata e ristagno di acqua, sia nebulizzata (umidità atmosferica) sia causata da risalita capillare (la zona ha una rete di smaltimento delle acqua poco efficace ed è vicina al mare).

Degradi di tipo biologico sono visibili su edifici abbandonati o in zone ancora da recuperare. Alcune manifestazioni di tipo macroscopico, come la presenza di vegetazione sono invece più frequenti. Infatti piccole piante nascono tra gli interstizi della muratura e danno luogo a manifestazioni piuttosto diffuse e, in alcuni casi, proliferano fino a provocare lesioni e dilatazioni dei giunti.

Stato di conservazione e degrado del manto di protezione sulle superfici esterne

Se il manto di protezione nasce come superficie di sacrificio è ad esso che viene demandata la tutela delle superfici esterne. Il degrado dell'edificio inizia frequentemente con la decoesione, la polverizzazione e la presenza di macchie di umidità proprio sull'intonaco; i fattori che maggiormente li determinano sono sollecitazioni di tipo climatico o ambientale,

FENOMENI DI DEGRADO	CARATTERISTICHE	LOCALIZZAZIONE
Polverizzazione	Perdita di materia con presenza di materiale incoerente	Sul paramento
Deposito superficiale	Deposito incoerente di polveri di colore grigio bruno	Sul paramento
Mancanza e distacco	Vuoti provocati dalla caduta di strati	Sul paramento, di solito nella zona basamentale o sommitale
Alterazione cromatica	Alterazione del colore originario (di solito avviene un fenomeno di schiarimento)	In zone soggette a dilavamento
Patina biologica	Muschio verde - nerastro, di spessore limitato (mm. 2) adeso al supporto	Sul paramento in forme aggregate o isolate (in presenza di perdite nell'impianto idrico o di convogliamento delle acque)
Fessurazione, fratturazione	Fessurazione di pochi mm di spessore, causata da fenomeni di ritiro dell'intonaco	Sul paramento
Flos tectorii	Erosione circolare dell'intonaco con solchi di mm. 3 (medi)	Sul paramento

Fig. 3 – Caratteristiche del degrado sul manto di protezione di Ortigia.

acqua piovana, vento, sole, organismi animali e vegetali che provocano fenomeni di cristallizzazione dei sali, dissoluzione, gelività e fessurazioni. Una volta innescati, le manifestazioni di degrado possono sovrapporsi, trasformarsi e aggravarsi fino alla perdita funzionale dell'elemento e alla sua disgregazione; ciò avviene attraverso processi che coinvolgono più fenomeni, in una catena di degrado che può produrre perdite consistenti.

Il manto di protezione, sottoposto ad azioni di natura diversa, tenderà a dissolversi senza opporre alcuna resistenza, mettendo in luce l'elemento interno che proteggeva. In alcuni casi, la perdita del manto può essere innescata da processi di scambio, di tipo chimico e fisico, tra struttura e superficie intonacata. In questi casi non sempre è conveniente sostituire totalmente l'intonaco, infatti la rimozione e il rifacimento dello stesso possono produrre ulteriori manifestazioni o essere inutili.

Dal processo di osservazione delle condizioni di stato del manto di protezione di Ortigia si rileva che:
- il degrado sull'intonaco è presente su tutte le facciate, su cui non si è intervenuti in tempi recenti;
- il degrado prevalente è la lacuna;
- sono presenti fenomeni di distacco diffuso e rigonfiamento;
- la collocazione dei fenomeni in genere è uniforme e si riscontra su tutto il paramento, con maggiore intensità nella fascia basamentale e in quella sommitale;
- si trovano frequentemente vaste superfici interessate da fenomeni diffusi di microflora; tali fenomeni sono riscontrabili in zone non particolarmente soleggiate e poco ventilate;
- è diffusa anche la presenza di vegetazione, in particolare

Fig. 4 – Degrado del manto di protezione con evidenti formazioni saline, passeggio Adorno, Ortigia.

nelle zone di coronamento, nelle giunzioni tra intonaco e pietra;
- la presenza dei cavi elettrici aiuta il propagarsi dei fenomeni di degrado, creando zone di ristagno dell'acqua;
- frequente è anche la polverizzazione e la disgregazione dell'intonaco, in particolare degli strati maggiormente a contatto con l'aria;
- la presenza di croste nere è molto limitata, sul manto di protezione. Ci sono rari casi di deposito superficiale, in zone non soggette al dilavamento delle acque piovane.

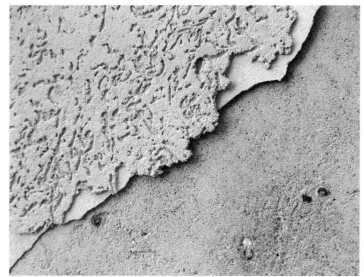

Fig. 5 – Distacco e lacune. Intonaci e coloriture sovrapposte, via del Collegio, Ortigia.

Le cause del degrado sulle superfici esterne dei beni edilizi

Le cause del degrado sul manto di protezione

Il manto di rivestimento è un insieme di strati tra loro contigui, che forma un unicum. Errori causati da una non corretta messa in opera o dalla mancanza di continuità operativa possono provocare una serie piuttosto numerosa di degradi. In primis, l'approssimazione del processo applicativo, il dosaggio degli ingredienti e il mancato rispetto delle regole di asciugatura e pulitura pos-

sono compromettere, in maniera irreversibile, la durata dell'intonaco. Ne sono prova le fessurazioni dello strato superficiale, alterazione che non desta preoccupazioni dal punto di vista strutturale, ma che ha serie ripercussioni sull'aspetto e sulla conservazione degli strati sottostanti. Si tratta di fenomeni di ritiro, tipici degli intonaci cementizi che, per le proprie caratteristiche meccaniche, durante la fase di indurimento, producono fessurazioni.

In generale le cause endogene di degrado del manto di protezione possono ricondursi ai seguenti elementi:
- incompatibilità tra materiali;
- cattiva qualità dei materiali utilizzati;
- metodologie di applicazione dell'intonaco non consone alla regola d'arte;
- condizioni di eccessiva umidità del supporto;
- incompatibilità materica col supporto;
- cinematismi ricorrenti od occasionali;
- stato di conservazione della superficie.

Le cause esogene invece possono essere provocate da:
- infiltrazioni umide provenienti dal sottosuolo;
- infiltrazioni umide provenienti dalla copertura o dalla struttura muraria;
- presenza e diffusione di acqua all'interno della struttura;
- condizioni ambientali e di esposizione.

In generale i degradi più pericolosi sono la decoesione e i distacchi che, oltre a visibili effetti superficiali, provocano la perdita della funzione protettiva e l'innesco di degradi sulla muratura sottostante. I distacchi portano nel tempo, alla perdita parziale o totale dell'intonaco e all'abbassamento dei livelli prestazionali di benessere e aspetto.

Tra le manifestazioni più invasive e visibili si riscontra, in maniera

Fig. 6 - Particolare di mensola fortemente degradata, caratterizzata da alveolizzazione e disgregazione, lungomare Alfeo, Ortigia.

diffusa in tutta Ortigia, la lacuna (in parte o anche in toto) dell'intonaco.

Questo fenomeno, frequentissimo in superfici non soggette a recenti interventi di recupero, ha vari aspetti; sono infatti presenti disgregazioni con polverizzazione del materiale, distacchi e cadute di materiale, aggressioni di origine biologica (flos tectorii e patine biologiche di varia origine), tutti fattori causati dalla ricezione di acqua sotto forma di umidità proveniente dal sottosuolo (di risalita), dalle precipitazioni atmosferiche o da carenze tecnologiche (infiltrazioni nelle coperture). Questi degradi possono portare alla completa distruzione del rivestimento, quindi dell'intonaco, e alla evidenziazione della struttura muraria sottostante, talvolta degradata (erosione ed alveolizzazione).

Nelle zone soggette a scarso soleggiamento e a ristagno di acque è presente, sull'intonaco, il degrado differenziale o flos tectorii[5] (Brancato), degrado che si manifesta con solchi concentrici che si sviluppano intorno ad un nucleo centrale, secondo delle direttrici concentriche, che conferiscono alla superficie un aspetto caratteristico. Esso sembra essere causato da fattori chimici, fisici e biologici.

Dal punto di vista chimico la presenza di solfati può provocare complesse reazioni chimiche che portano alla presenza di fenomeni di fessurazione. Queste manifestazioni possono avvenire sia sull'intonaco che sulla malta delle murature, in funzione, però, del materiale di cui sono costituite.

Altra insidia è data dalle sub-efflorescenze che provocano danni ingenti e innescano fenomeni di degrado quali distacchi e mancanze. Esse sono un fenomeno inizialmente silente, che si manifesta con la formazione di efflorescenze all'interno del manto, spesso tra gli strati dell'intonaco, e si palesa troppo tardi, quando già il materiale è compromesso. Sono molto pericolose perché agiscono dall'interno.

Non si possono trascurare gli effetti del degrado biologico: esistono organismi autotrofi che, in presenza di luce, acqua ed umidità, si insediano nell'intonaco dando luogo ad evidenti fenomeni di microflora. Si possono riconoscere patine algali di vario spessore, con consistenza lucida e gelatinosa, di colore intenso, soprattutto verde, patine opache di colore verde scuro, pellicole di colore scuro su cui si deposita il particellato atmosferico, croste compatte di colore scuro, licheni. Un ruolo a parte ha invece la presenza di vegetazione che produce due tipi di degrado, uno legato alle tensioni prodotte dall'infiltrazione dell'apparato radicale all'interno dell'intonaco, l'altro alla produzione di sostanze acide che inducono reazioni e provocano la dissoluzione dell'intonaco.

A completamento di quanto appena enunciato, l'intonaco ha una porosità minore della malta della muratura sottostante; questo fenomeno crea una sorta di discontinuità che blocca l'acqua in uscita e innesca, complice la temperatura e l'umidità dell'aria, cicli di cristallizzazione/solubilizzazione; tale processo si concluderà con il rigonfiamento e la caduta parziale o totale dell'intonaco.

Anche nel caso degli intonaci l'acqua è la causa suprema di ogni degrado che può, a seconda dei casi, trasportare sali in superficie, innescare fenomeni di solubilizzazione del carbonato di calcio, principale componente della pietra e degli inerti, o produrre un impoverimento della funzione legante che l'intonaco possiede.

Dal punto di vista chimico l'acqua, a causa di cicli di idratazione ed evaporazione, provoca, molto frequentemente un im-

Fig. 7 – Giunto murario tra due edifici. Connessioni e degradi, via delle Carceri vecchie, Ortigia.

poverimento dei componenti delle malte, dando luogo a dilavamenti, a degradi con variazioni di volume e ad efflorescenze superficiali.

Per quanto riguarda l'acqua è fondamentale individuare la sua provenienza, se dal terreno per risalita, se dall'interno della muratura per guasti accidentali o rotture nella rete idrica, se da cedimenti nei manti di copertura. A seconda dell'altezza dell'umidità e della zona da cui viene alimentata ci si può trovare in presenza di efflorescenze e macchie, soprattutto nella zona basamentale, dove la quantità di acqua è maggiore e i sali cristallizzano in superficie.

Se l'acqua viene dall'esterno, quindi si tratta di pioggia o umidità discendente, la quantità, la pressione e la velocità di scorrimento della stessa possono provocare una disgregazione dell'intonaco con la sottrazione di parte dello strato lapideo inferiore. È chiaro che una quantità limitata di pioggia può avere anche degli effetti benefici, soprattutto perché rimuove tutta una serie di depositi, fonte di altri e più pericolosi degradi (croste nere).

Nel caso in cui l'azione della pioggia sia invece dannosa, si verifica una corrosione del paramento intonacato a causa dell'acidità dell'acqua, caratterizzata dalla presenza di acido carbonico. L'acido carbonico, essendo un acido debole[3], partecipa attivamente alla dissoluzione graduale del carbonato di calcio, costituente l'intonaco.

Più in generale possiamo dire che studi ormai consolidati hanno messo in evidenza come una pioggia continua provochi sulla superficie dell'intonaco una lenta e graduale erosione che porta al dilavamento dell'intonaco stesso e alla sua alterazione cromatica.

Fenomeni più intensi di erosione e asportazione del materiale si verificano in presenza di un flusso continuo e persistente di acqua in quantità massiccia, che disgrega, polverizza ed erode l'intonaco fino a mostrare, nei casi più gravi, la struttura muraria sottostante.

I fenomeni di tipo biologico, visibili sugli intonaci, si ricollegano alla presenza di microrganismi e provocano degradi quali alghe microscopiche, muschi e licheni. L'azione di questi microrganismi avviene solo in superficie, di norma non provoca gravi danni all'intonaco fino a quando si mantiene ad uno stadio iniziale.

Le alghe, combinate a piccolissimi funghi danno luogo a formazioni incrostanti dette licheni che, con varie tipologie si depositano sulla pietra in forma di plaghe pseudo-rotonde, di vari colori (bianco, giallo, marrone scuro) e dimensioni dell'appa-

Fig. 8 – Pietra ed intonaco di Ortigia.

rato radicale intorno ai due millimetri, andando a compromettere la stabilità dell'intonaco su cui si sono depositati. Qualche studioso è del parere che le formazioni di licheni, su una superficie di non particolare pregio, possa apportare giovamento come protezione dagli agenti atmosferici e dal degrado.

Le reazioni chimiche relative alla formazione dei licheni si possono riassumere nella formazione di acido ossalico che,

«reagendo con il carbonato di calcio contenuto nell'intonaco, forma ossalato di calcio, un composto insolubile e spesso identificato come componente importante in patine di vario colore, dal giallo al rosa ed al bruno»[4],

Fig. 9 – Degrado di pietra e intonaco, via Logoteta, Ortigia.

rinvenute di frequente su paramenti murari esposti per lungo tempo agli effetti delle mutabili condizioni ambientali. C'è però la possibilità che questo ossalato di calcio possa formarsi dai composti organici (colle, albumina, caseina, etc.) posti, in passato, a protezione dell'intonaco e successivamente ossidati. Le formazioni costituite da ossalato sono molto stabili, da qui l'opinione che possano fungere da buona protezione per il materiale sottostante e quindi l'idea di non rimuoverle.

Tipico di Ortigia è la presenza di microflora che si presenta diffusa nelle zone poco soleggiate. In particolare il centro Gino Bozza, nel suo studio sul patrimonio di Ortigia, ha evidenziato come la formazione di microflora, sia da ricondurre alle caratteristiche climatiche locali e all'esposizione solare. In passato sono stati effettuati diversi tentativi per rimuovere, dagli intonaci, questa antiestetica manifestazione che conferisce alle facciate un aspetto sporco e precocemente invecchiato; è emerso che la rimozione della patina (qualunque sia stato il metodo adottato) non blocca la sua formazione: in un breve lasso di tempo si assiste al riformarsi del fenomeno che, quasi sempre, non danneggia il supporto (l'intonaco). Si è quindi giunti alla conclusione che la microflora non può e non deve essere rimossa, divenendo parte integrante della facciata. Possono comunque verificarsi distacchi, fessurazioni, infiltrazioni di acqua e cadute di parti che danneggiano la superficie di protezione e mettono in luce il sottostante strato murario.

Sugli intonaci poi sono riscontrabili delle macchie nerastre che possono essere ricondotte sia ad alghe che a muschi poco sviluppati e che si espandono in maniera puntiforme sulla superficie intonacata fino a formare un manto unico, con intensità variabili. Di solito non compromettono le prestazioni dell'intonaco su cui si formano, danno luogo a manifestazioni superficiali che non provo-

Fig. 10 – Concio degradato, con alveolizzazione e croste, Ortigia.

cano lesioni nell'intonaco. Possono invece creare danni allo strato superficiale della coloritura, il cui spessore è decisamente inferiore.

Le formazioni dovute alle alghe sono invece più facilmente identificabili sugli elementi di facciata più soggetti al passaggio d'acqua (cornicioni, davanzali, grondaie). Questo tipo di manifestazione può essere confuso con le croste nere.

Le cause del degrado lapideo

Tra le cause rilevanti del degrado del materiale lapideo c'è la presenza di acqua all'interno della muratura; tali fenomeni sono da ricondurre ad umidità di varia provenienza, così come per il manto di protezione: di risalita dal sottosuolo, discendente dalle coperture o dagli elementi di convogliamento delle acque meteoriche, proveniente da guasti e anomalie nel sistema di approvvigionamento idrico o smaltimento fognario. I fenomeni, spesso connessi tra loro, sono principalmente legati alla cristallizzazione dei sali.

Il fenomeno della cristallizzazione che si reitera molte volte e porta alla polverizzazione, sotto diverse forme, del materiale provoca gravissimi danni alla pietra e all'intonaco, soprattutto in presenza di umidità dell'aria. La presenza e la velocità del vento accelerano il fenomeno di evaporazione dell'acqua che, non potendo raggiungere la superficie, crea l'habitat adatto per fenomeni di alveolizzazione ed erosione.

Processo che frequentemente si presenta sulle superfici di Ortigia è quello della condensazione che ha un suo peso nella formazione di diversi degradi. Nelle zone particolarmente umide e sulle superfici lapidee di facciata si deposita una pellicola acquosa, la condensa, su cui aderisce il particellato atmosferico e polveri varie. In periodi caldi e climi temperati (come il nostro) la condensa viene velocemente assorbita e lascia un deposito solido, di solito gesso, composto dai residui del film liquido e dalle reazioni chimiche innescate dal contatto tra i vari elementi (acqua, materiale lapideo, depositi aeriformi).

Una volta formate, le croste si consolidano nel tempo, diventando sempre più spesse, si distaccano dal supporto e, proprio a causa del diverso fattore di dilatazione rispetto alla pietra sottostante, si fratturano e cadono, portando con sé, talvolta, una parte del supporto lapideo.

Osservatorio del degrado. Lettura fenomenologica delle trasformazioni

Il sistema osservazione si compone di due elementi fondamentali: il sistema osservatore e il sistema osservato. Il primo esprime il sistema di relazioni che, a livello percettivo, l'operatore attiva per guardare e quindi raccogliere le informazioni; il secondo innesca un processo percettivo per selezionare, tra quello che si vede, ciò che è interessante per l'occhio, al fine di immagazzinare le informazioni ricercate.

Il processo di osservazione necessita di criteri di definizione delle informazioni da acquisire, di una metodologia di osservazione e di una selezione delle informazioni raccolte.

Per il degrado il processo di osservazione segue criteri di diverso tipo:
- materici;
- cromatici;
- morfologici;
- localizzativi.

Il criterio materico individua il tipo di supporto su cui si sviluppa il degrado e ne definisce le caratteristiche. L'individuazione avviene in maniera macroscopica, individuando visivamente colore, tessitura e struttura del materiale lapideo.

Il criterio cromatico determina le alterazioni che il materiale ha potuto subire a causa del degrado e che diventano elemento selettivo per l'innesco di ulteriori fenomeni. Infatti il cambiamento di colorazione che la pietra subisce può determinare processi di degrado ed essere sintomo di ulteriori degradi.

Il criterio morfologico individua ripetitività nelle forme del de-

Fig. 11 – Superficie degradata, interessata da alveolizzazione allo stato iniziale. Sono visibili i segni della sega a disco. Ortigia.

grado e le mette in relazione a fattori temporali ed evolutivi. Attraverso l'osservazione morfologica è possibile determinare forme di degrado su diversi supporti, così come trasformazioni e aggravamenti delle condizioni di stato.

Infine il criterio relativo alla localizzazione pone l'accento sulle zone maggiormente colpite dal degrado e le mette in relazione con le cause che lo hanno determinato.

Questi quattro criteri permettono di individuare differenze e similitudini, così come peggioramenti delle condizioni di stato e trasformazioni del degrado. In particolare il criterio morfologico ha individuato differenze e forme diverse, da mettere in rela-

Figg. 12, 13 – Degrado del manto di rivestimento. Flos tectorii (degrado differenziale), Ortigia.

zione al materiale lapideo, naturale o artificiale, su cui si manifestano. I fenomeni presi in esame sono quelli maggiormente rappresentativi dei degradi rilevabili sulle superfici esterne di Ortigia: l'alveolizzazione, l'erosione, le croste nere e le forme di degrado biologico in genere.

Per l'alveolizzazione sono state riscontrate forme diverse dello stesso fenomeno, ascrivibili a morfologie differenti di alveoli, a profondità di erosione del tubulo, ad alterazioni cromatiche all'interno dell'alveolo. In particolare sono stati osservati alveoli di forma:

- pseudo-circolare;
- a mezzaluna o cuneiforme;
- con bordi irregolari;
- interconnessi.

Gli alveoli possono avere un diametro variabile da mm. 6 a cm. 17, con casi (limitati) in cui le cavità possono rimanere di diametro e profondità ridotti; la morfologia che descrive lo stato della superficie può essere esfoliata, erosa, polverizzata, alterata nel colore, ricoperta da una crosta nera; la profondità di erosione[6] della pietra varia da pochi millimetri ad alcuni centimetri[7].

Sono state riscontrate differenze cromatiche tra la zona esposta agli effetti dell'alveolizzazione e quelle non ancora interessate dal degrado. La zona alveolizzata, in alcuni casi, si manifesta sbiancata e polverulenta, in altri casi si riscontrano vi-

Fig. 14 – Paramento lapideo degradato, piazza Duomo, Ortigia.

Fig. 15 – Manto di protezione degradato, lungomare d'Ortigia, Ortigia.

sibili esfoliazioni interne, in altri ancora processi erosivi superficiali diffusi.

Per l'erosione è stato possibile osservare la gravità dei fenomeni rispetto:
- alla riconoscibilità;
- alla forma;
- alla decorazione dell'oggetto originario.

È stata rilevata la differenza tra erosioni superficiali, atte ad eliminare uno strato limitato di pietra ed erosioni profonde, in cui gli elementi caratterizzanti l'oggetto, siano decorazioni o geometrie, risultano indefiniti.

L'erosione superficiale agisce senza alcuna via preferen-

ziale, intaccando pietra e intonaco in maniera limitata e diffusa; il degrado profondo invece si attacca all'elemento e lo snatura, facendo perdere di definizione a geometrie, decorazioni e forme.

Da questo ed altri studi emerge una presenza differenziata dell'erosione con aspetti relativi:
- allo stato della pietra (liscio, ruvido, sconnesso);
- al colore (che risulta quasi sempre più chiaro);
- alla profondità della zona erosa (variabile da pochi millimetri ad intere porzioni di pietra);
- all'andamento del degrado (dal centro, dagli spigoli, dall'alto, dal basso).

Le differenze sono inoltre ascrivibili a differenti supporti e ai fattori ambientali che li influenzano. L'unico elemento, dedotto dall'osservazione, di interesse è la quantità di materiale polverizzato presente sulle zone erose; esso indica che il processo di degradazione in atto non è ancora concluso e che il supporto ha raggiunto uno stato di fragilità.

Si deve comunque porre l'accento sulla notevole diffusione di questo degrado su ampie zone del manto di protezione e la sua localizzazione in luoghi particolarmente esposti alle correnti eoliche, di solito ad altezze elevate.

Le croste nere[8] rappresentano uno dei degradi più evidenti e appariscenti del luogo. Esse, per il loro colore intenso e per la visibilità degli elementi architettonici su cui si formano, sono percettivamente rilevanti rispetto ad altri fenomeni.

L'osservatorio sulle croste ha evidenziato come la formazione di tali manifestazioni sia da ricollegarsi alla mancanza di ventilazione. Il particellato atmosferico, in queste condizioni, ristagna e si deposita su mensole, cornici e aggetti in genere. Se le zone su cui si deposita sono protette dal passaggio dell'acqua piovana, per esempio le mensole dei balconi, ecco che si ritrovano le condizioni adatte per il consolidarsi del deposito in crosta.

Riguardo alle croste le differenze sono riscontrabili:
- nello spessore;
- nel colore (da marrone a nero, a grigio);

Fig. 16 – Rigonfiamento, distacco e lacuna di strato di intonaco, Ortigia.

Fig. 17 – Croste nere parzialmente distaccate, via Roma, Ortigia.

- nello stato del supporto (che può essere intaccata);
- nelle caratteristiche superficiali della crosta (liscia, ruvida, adesa, rigonfiata, distaccata);
- nell'andamento uniforme o meno.

Questo degrado produce soluzioni di continuità con l'erosione provocando, al distacco della crosta, la polverizzazione del materiale sottostante (si verifica principalmente sulla pietra gialla e poco cementata). Le croste investono, come detto, le zone dove maggiore è il ristagno dell'aria e dove ci sono elementi a protezione dalle acque meteoriche; l'alta concentrazione di traffico veicolare ne favorisce largamente la presenza.

Per quanto concerne la patina biologica, ampiamente presente insieme al flos tectorii, essa si trova localizzata nelle parti di paramento riparate dai raggi solari e assume una colorazione grigio/nera nella stagione estiva e verde vivo in quella invernale, quando cioè l'apporto di acqua è superiore.

Deve comunque essere precisato che il muschio presente sugli intonaci non è interessato da fenomeni di essiccamento; esso rimane comunque vivo anche se le sue caratteristiche morfologiche cambiano: infatti muta il colore che si avvicina al nero, diventa meno spesso e la densità si fa più rada.

[1] CNR, I.N.C.B.C. *Il centro storico di Ortygia*, p. 5.
[2] EMMI, D., REALINI, M. *Studi e ricerche sui materiali della ricostruzione di Noto*, in: BOSCARINO, S., GIUFFRÈ, M. ed., *Storia e restauro di architetture siciliane*.
[3] TORRACA, G. *Tecnologia delle malte per intonaci e della conservazione degli intonaci antichi*, in: MINISTERO PER I BENI CULTURALI, ISTITUTO CENTRALE PER IL RESTAURO, *Diagnosi e progetto per la conservazione dei materiali dell'architettura*, p. 213.
[4] TORRACA, G. nota 3, p. 214.
[5] BRANCATO, F. S., SALEMI, B. *Flos tectorii - Storia di una ricerca scientifica*. In tale pubblicazione si definisce il flos tectorii come una «modificazione del substrato causata da una compresenza di fattori chimici, fisici e biologici, favoriti da fattori abiotici», p.48.

[6] Intendendo con questo, il processo che porta alla quantificazione dello spessore disgregato a causa del degrado.
[7] La profondità dell'alveolo può raggiungere anche tutto lo spessore del rivestimento, andandolo integralmente a distruggere.
[8] La Norma UNI 11182:2006 *Materiali lapidei naturali ed artificiali. Descrizione della forma di alterazione - Termini e definizioni*, definisce il degrado in esame come crosta. In questa sede si parlerà di croste nere, perché presenti sulle superfici esterne di Ortigia. La crosta nera è un tipo di crosta, distinguibile per il colore grigio scuro, tendente al nero o al marrone scuro, che si manifesta sulle superfici attraverso la formazione di una spessa crosta scura che cade, portando con sé il materiale sottostante, solitamente la pietra.

Observatory on the degradation phenomena for the external surfaces in Ortigia

The observing system is composed by two elements: the observer system and the observed system. The first expresses the system of relationships that, in a perceptive level, the operator activates to look and, so, to collect information: the second starts a perceptive process to select, between what one sees, what is interesting for the eye; in order to store the searched information.

The observing process needs criterions for the definition of the information that has to be acquired, of an observation methodology and of a selection of the gathered information.

For the degradation, the observing process follows the criterions of material, colour, morphological and siting nature. They allow to detect aggravations of the conditions and transformations of the degradation. The conditions of the state express the passing of the time and the damages that it causes on handiworks, properties or technical elements. In fact, the alteration process of the building starts immediately after the installation; in general in the extraction of the stone material.

The manufacturing products, can cause crevices that, in particular conditions, favour the trigger of some decays.

In general the decays of Ortigia are the alveolization, the erosion, the crusts and the surface deposit, the presence of vegetation and microflora.

For the alveolization, different forms of the same phenomenon were noticed, ascribable to different morphologies of gaps, in the depth of the tubular erosion, and to chromatic alterations inside the cracks. in particular some alveoles with a more or less circular shape, or with a half-moon shape or cuneiform, with irregular edges, all interconnected.

The alveoles can have a diameter changeable from mm. 6 to cm. 16, with cases (limited) in which the cavities can remain of reduced diameter and depths; the morphology that describes the state of the surface can be exfoliated, eroded, pulverized, changed in the colour, covered by a black crust; the profundity of the erosion changes from some millimetres to some centimetres.

The alveolized area, in some cases, turned white and powdery, in other cases the external delaminations, in more others widespread eroding process of the surface.

From the erosion, it was possible to observe the graveness of the phenomena thanks to the visibility, to the shape and the decoration of the original object. It was detected the difference between surface erosions, suitable to erase a limited layer of stones, and deep erosions, in which the main elements characterizing the object, whatever they are: decoration or geometries, are indefinable.

The surface erosion acts without any preferential way, affecting the stone and the plaster in a widespread way; on the other hand, the deep decay, instead, sticks on the element and perverts the nature of it, making geometries, decorations and shapes lose their definition.

From this and other studies emerges a distinguished presence of the erosion with elements connected to the state of the stone (smooth, rough, disconnected), to the colour (that results always more clear), to the depths of the eroded area (variable from little millimetres to whole portions of stone), to the progress of the decay (from the centre, from the edges, from the up, from the low).

The differences are ascribable to several supports and environmental factors that influence them.

It 'is necessary, anyway, to stress on the remarkable diffusion of this degradation in wide areas of the vestment and its location in places exposed to wind currents, normally with great heights.

The black crusts represent one of the more evident and visible form of degradation of the place. They, for the deep colour and for the visibility of the architectonical elements in which they have birth, are perceptively relevant in comparison with other phenomena. The observation of the crusts highlighted how the formation of these manifestations is to connect to the lack of ventilation. The atmospheric particles, in these conditions stagnate and deposit into the consoles, frames, and projections in general. If the areas on which they deposit are protected from the passage of the rain water, for example, the balcony's consoles, here there are the right conditions to consolidate the deposit in the crusts. The analysis of the crusts of Ortigia detected different colourations. As far as the crusts are concerned the differences can be found in the size, in the colours (from brown to black, to grey) in the state of the support (that can be more or less damaged), in the characteristics of the surface of the crusts (smooth, rough, adherent, swollen, detached) and in the uniform progress or not.

This decay produces solutions of continuity with the erosion causing, after the detachment of the crusts, the reduction into particles of the material standing below (it especially happens in the stone). The crusts invade the areas where higher is the air stagnation and where there are elements for the protection of the meteoric water, the high concentration of the vehicle traffic favours a lot their presence.

The biological film stands in the investment parts protected from the sunlight rays and assumes a grey/black colouration in the summer season and bright green in the winter one, which means when the introduction of the water is superior.

If the covering comes to life as a sacrifice surface, it has the task of protecting the walls surface. The decay of the building begins frequently with the de-cohesion, the atomization and the presence of the humidity stains just in the plaster; the factors that mainly determine them are climatic and environmental solicitations, rain water, wind, sun, animal and vegetal organisms that cause salt crystallizing phenomena, disintegration, freezing and cracking.

In general, the most dangerous degradations are the de-cohesion and detachment that, apart from the visible effects of the surface, cause the loss of the protective function and the start of degradations in the walls below. In the case of the coverings the water is the supreme cause of every degradation that can carry mineral salts in surface and cause phenomena of solubilization of the calcium carbonate.

Among the relevant causes of the degradation of the wall material there is the presence of the water inside the walls; these phenomena have to be related to the humidity which has different origins, this concerns also the covering: coming up from the underground, going down from the coverings or from the convoy elements of the meteoric waters, coming from damages and anomalies in the water supply system or drainage disposal. The phenomena, often connected between them, that cause the degradation are mainly linked to the salt crystallization.

Osservatorio degli interventi di recupero per le superfici esterne di Ortigia

*Chi ha occhi per vedere, gusta con riconoscenza e attenzione
queste grigie mattinate dai delicati e velati giochi di luce.
Qualsiasi condizione atmosferica è bella, se si aprono occhi e anima.*
Hermann Hesse

Il quadro di riferimento

Le città italiane, per storia, vicissitudini e fattori temporali sono ricche di edifici realizzati con materiali che hanno attraversato i secoli e sono giunti a noi, spesso, in pessime condizioni. Non si può non recuperarle, per ri-viverle.

All'interno del contesto operativo del recupero e di definizione delle strategie progettuali, la diagnosi, con le osservazioni, le analisi delle patologie e dei degradi, è elemento indispensabile per la definizione degli scenari di progetto.

Le attività diagnostiche[1] offrono un approccio sistematico alle informazioni che possono essere acquisite sull'edificio e ne restituiscono dati utili al progetto.

Sulla diagnostica la bibliografia è ampia; in sintesi essa

«si occupa dell'apparato metodologico, procedurale e strumentale, di guida e controllo delle osservazioni da compiere sul Bene edilizio e che si traducono nella formulazione della diagnosi»[2];

il suo aspetto più significativo riguarda la comprensione dei fenomeni presenti e l'analisi delle relazioni tra le parti e il tutto (dispositivo, elemento tecnico, sistema tecnologico, sistema ambientale, sistema edilizio). Attraverso queste relazioni è possibile inquadrare efficacemente i fenomeni in atto, le cause e le possibilità di intervento, individuare le soluzioni più opportune per salvaguardare il valore del bene edilizio e soddisfare le esigenze dell'utenza.

Bisogna tener conto che, oltre al mutare delle esigenze e quindi al trasformarsi dell'edificio secondo i nuovi bisogni, il trascorrere del tempo e l'alternarsi delle stagioni possono provocare dei mutamenti nel manufatto, in funzione del materiale con cui è costruito, della sua messa in opera e del contesto ambientale in cui è inserito.

L'analisi diagnostica, punto di partenza per l'individuazione delle potenzialità di conservazione/trasformazione e dei possibili scenari di intervento, è da ritenersi elemento fon-

damentale per l'identificazione delle diverse soluzioni progettuali, in quanto strumento per il riconoscimento delle condizioni di stato e delle modificazioni avvenute, nell'ottica del mantenimento dell'identità storica e culturale dell'ambiente costruito.

Le attività relative alla diagnosi sono state individuate e classificate dalla norma UNI 11150-1 del 2005 e raggruppate all'interno del più ampio contesto delle attività analitiche[3]. Esse comprendono:

- le attività di rilievo;
- le attività prediagnostiche;
- le attività diagnostiche.

Di recente è stato appurato che non sempre sono necessarie costose prove di laboratorio perché informazioni preliminare proveniente dall'osservazione dei fenomeni possono fornire risposte esaurienti; ci si è cioè resi conto che spesso i fenomeni di degrado sono ripetitivi, così come le cure. In questa direzione l'esperienza conduce ad un bagaglio tecnico di informazioni, una casistica di fenomeni e soluzioni cui fare riferimento.

L'osservazione inoltre può essere utilizzata anche in momenti successivi, per il monitoraggio dei fenomeni di degrado, per la validazione degli interventi effettuati e per la definizione della durabilità[4] degli interventi.

Fig. 2 – Colatura di acqua piovana su rivestimento lapideo. Passeggio Adorno, Ortigia.

Fig. 3 – Intervento di recupero del paramento. Passeggio Adorno, Ortigia.

Le osservazioni visive sostituiscono, in parte, le indagini di laboratorio e diventano strumenti per monitorare degradi ed interventi, per approntare soluzioni veloci e corrette.

Da un punto di vista procedurale l'osservazione si inserisce tra le analisi prediagnostiche e necessita di «capacità di valutazione dei fenomeni visibili o (di) rilevamento sensoriale» e della capacità di mettere in relazione fenomeni, effetti visibili e cause, con conoscenze e soluzioni tecnologiche tali da giustificare il fenomeno stesso ed istruirne la procedura per l'intervento.

L'osservatorio necessita di una rigida classificazione dei fenomeni e di una oggettiva interpretazione delle variabili poste in gioco; in altre parole un corretto rapporto tra osservazioni e deduzioni, in termini di precisione e di durata.

I fattori che possono influire riguardano i criteri di giudizio e i livelli di approssimazione con cui si classificano i fenomeni:
- il tempo di osservazione;
- le condizioni al contorno;
- il modo:
  - vicinanza/lontananza;
  - luce/ombra;
  - pioggia/asciutto;
  - temperature fredde/calde.

Ferme restando le premesse metodologiche appena

Fig. 4 – Intervento di recupero del rivestimento lapideo e del portale. Via delle Carceri Vecchie, Ortigia.

Fig. 5 – Intervento di recupero del manto di protezione e del portale. Via Roma, Ortigia.

espresse, l'osservazione può divenire strumento di analisi per monitorare, a distanza di un ragguardevole lasso di tempo, gli interventi effettuati sul bene edilizio. Inoltre il contesto su cui si opera offre ampio margine di indagine.

Ortigia e le sue cortine murarie, fatte di storia, di materia e di luce, si offrono all'osservazione quali oggetti del processo di conoscenza, per indagare sugli interventi di recupero e/o ripristino effettuati sulle superfici esterne.

La prima impressione, scaturita dalle campagne di indagine, ha evidenziato come molti interventi siano stati effettuati senza alcuna richiesta o comunicazione agli uffici preposti e senza la consulenza e la guida di un tecnico. Inoltre si avverte una eccessiva omogeneità cromatica che definisce i toni del giallo.

Lo strumento osservatorio invece basa le sue conclusioni su indagini, sopralluoghi, schedature. L'osservazione, scaturita in uno strumento di studio decennale, ha il compito di verificare lo stato di conservazione di interventi compiuti nel 2002 e di controllarne lo stato a distanza di dieci anni.

Per rispondere alle necessarie esigenze di oggettività, precisione ed attendibilità tecnologica, sono stati individuati e classificati diversi tipi di intervento superficiale sulle facciate ed osservati rispetto:
- ai fenomeni di degrado;
- all'estensione dei fenomeni;
- alla posizione dei fenomeni;
- agli effetti del degrado;
- alla durata dell'intervento.

Si è tentato di rispettare lo stesso criterio per il confronto tra il prima e il dopo, cercando di utilizzare lo stesso livello di approssimazione, per giungere ad esiti condivisibili.

Fig. 6 –Paramento lapideo degradato, via Resalibera, Ortigia.

Per la restituzione dei dati attraverso l'osservazione è necessario:
- rispettare i dati di rilevo del 2002 e da essi partire per analizzare le condizioni di stato;
- rispettare la terminologie e le definizioni UNI 11182:2006 e la classificazione del sistema edilizio.

Il processo di osservazione ha evidenziato una forte autonomia nell'esecuzione degli interventi, una limitata conoscenza dei materiali e delle tecnologie tradizionali da parte degli utenti, una scarsa propensione ad affidare la redazione di un progetto a tecnici qualificati e, non ultima, una esiguità delle risorse economiche poste in gioco.

Fig. 7 – Intervento di ripristino del manto di protezione, Passeggio Adorno, Ortigia.

Le tecnologie e i materiali del recupero

I beni edilizi che caratterizzano il sistema costruito di Ortigia sono stati edificati su muratura portante formata da blocchi di calcarenite, materiale facilmente reperibile e lavorabile, e legati con malta di calce.

Le fondazioni venivano realizzate con blocchi di notevoli dimensioni, talvolta squadrati, altre volte rozzamente sbozzati, di dimensioni maggiori di circa cm 20 – 30, rispetto alle murature.

Le murature in elevazione potevano assumere varie tipologie:
- blocchi squadrati collegati da sottili giunti di malta a base di calce aerea;
- blocchi appena sbozzati di varie dimensioni, legati da malta di calce aerea di spessore notevole;
- murature realizzate a sacco costituite da due paramenti in blocchi, collegati da un riempimento di pietrame sciolto e malta;
- murature con strati di livellamento realizzati in materiale laterizio o calcareo (per una migliore ripartizione dei carichi).

La muratura veniva eseguita per "bancate", fasce orizzontali di circa cm.70, ed elevando il ponteggio. Di solito lo spessore murario non era inferiore ai cm 70, con qualsiasi tipo di materiale lapideo fosse realizzato l'edificio[5].

La malta utilizzata per la costruzione era di solito malta di calce aerea addizionata con inerti di tipo calcareo, di granulometria variabile che, proprio a seconda della grandezza dell'inerte, assolveva compiti diversi.

Per legare i conci l'uno all'altro e per i primi due strati del manto di protezione solitamente si miscelava una parte di calce e due parti di ghiaia e sabbia, mentre per lo strato di finitura veniva confezionata una malta con polvere di calcare, allo scopo di rendere la finitura più omogenea e pulita. Questi i presupposti per un lavoro a regola d'arte. Purtroppo tali conoscenze sono andate parzialmente perdute e rielaborate in funzione delle nuove tecnologie per il recupero.

Quando, intorno alla metà degli anni '80, si è intuito il reale valore dei beni edilizi di Ortigia e sono stati fatti alcuni passi nella direzione del recupero del patrimonio costruito, con un piano di recupero e la richiesta di finanziamenti per la riqualificazione urbana, si è constatata la mancanza di conoscenze sui materiali e sulle tecniche di costruzione del passato. Ne è autorevole conferma la pubblicazione di Antonino Giuffrè[6] che, all'inizio degli anni '90, produce uno studio sulle tecnologie di Ortigia. È stato quindi necessario un periodo di sperimentazione sul campo che ha portato, seppur con scelte azzardate o errate, alla consapevolezza che le tecnologie di Ortigia e la qualità materica degli edifici rendono più complesse le scelte di intervento.

Dalla metà degli anni '90, con le agevolazioni prodotte dalle leggi speciali per Ortigia[7], la quantità di interventi di recupero è andata amplificandosi a dismisura.

Il recupero ha investito superfici esterne e volumi, restituendo all'uso gran parte del patrimonio edilizio, lungamente abbandonato. L'input è venuto dalla volontà di riqualificare l'intera isola e alcune azioni, compiute dall'Amministrazione Pubblica, ne sono state le promotrici. In particolare gli studi svolti sui beni edilizi di Ortigia dal CNR e successivamente dal dipartimento ARP dell'Università degli Studi di Catania, facoltà di Architettura[8], hanno mostrato come il degrado delle superfici esterne partecipi, in maniera significativa, al deperimento dell'edificio. Esso è fattore scatenante di quel senso di abbandono, di ruderizzazione che l'edificato non recuperato, seppur con un certo fascino, può esprimere.

Gli studi sul degrado hanno avuto varie fasi, dal riconoscimento delle tecnologie e dei materiali con cui erano realizzati, alla classificazione e nomenclatura dei fenomeni, alle reazioni chimiche prodotte, alle cause scatenanti, alle catene di fenomeni presenti.

In tempi più recenti, ricerche di tipo chimico su campioni hanno individuato la formazione di due composti estremamente dannosi per il manto di rivestimento: l'ettringite e la thaumasite[9]. Essi sono sintomo di degrado perché scaturiscono da reazioni chimiche e provocano la perdita dell'intonaco stesso. Infatti, da un punto di vista strettamente operativo, la presenza di gesso ($CaSO_4 2H_2O$) nelle malte dà l'innesco al processo di degradazione, con la formazione dell'ettringite e delle thaumasite. Il gesso è rilevabile se:

- è presente come legante nella malta;
- si tratta di una muratura in mattoni in cui i sali solfatici e la malta danno luogo al gesso;
- ci si trova in un ambiente marino in cui i sali solfatici reagiscono con la calce della malta.

La presenza di gesso, associata al carbonato di calcio comunemente presente nei materiali adoperati per gli interventi di

Fig. 8 – Integrazione lapidea, via Salomone, Ortigia.

recupero (calcare delle sabbie e carbonatazione del cemento e della calce), unita ai silicati è fattore determinante per la formazione di ettringite e thaumasite.

In particolare l'ettringite provoca rigonfiamenti e fessurazioni, creando un accesso preferenziale all'acqua e rendendo la superficie verticale ricettiva ad attacchi degli agenti atmosferici; la sua particolarità è l'aumento di volume e la formazione di bolle. La thaumasite provoca la disgregazione delle malte senza aumento di volume o rigonfiamenti. Il processo di formazione di questo composto provoca la disgregazione degli intonaci che vengono ridotti in polvere o diventano estremamente fragili[10].

Fig. 9 – Particolare di portale e portone, Ortigia.

Per evitare la formazione di degradi è importante utilizzare materiali con caratteristiche chimico-fisiche compatibili con il supporto, così come verificare la presenza di ettringite e thaumasite per individuare l'eventuale catena di degrado[11] che potrebbe innescarsi.

Lo studio del degrado serve anche ad individuare la compatibilità materica tra più materiali, tra il materiale degradato e quello con cui effettuare l'intervento. Solo in tempi recenti lo studio del degrado è divenuto dato di fatto, definizione di un *modus operandi*. Il problema è, come al solito, la diffusione delle informazioni e la capacità di essere recepite dai tecnici. Se da una parte gli interventi vengono effettuati con azioni volte al ripristino della *facies* originaria, tuttavia è sempre piuttosto soggettivo il modo in cui tale risultato viene ottenuto.

È ormai consolidato da tempo che il recupero edilizio non può dare risposte generali, ma che va studiato caso per caso e che l'individuazione di scenari di progetto sia il risultato di un lento processo di analisi di molti fattori: storici, geometrici, morfologici, dimensionali, tecnologici e materici, funzionali, prestazionali, strutturali, geologici, ambientali.

Gli interventi di recupero per le superfici esterne

Ortigia, isola collegata alla terraferma, nel corso dei secoli, ha visto la presenza di numerose dominazioni che hanno lasciato tracce significative nella trama urbana e nel sistema edificato. Il centro di Ortigia, formatosi nel corso dei secoli attraverso la stratificazione di edifici sempre diversi per forma, tipologia, tecnica costruttiva e decorazione, ha subito relative

Fig. 10 – Intervento di sostituzione del manto di protezione, via Dione, Ortigia.

trasformazioni che l'hanno portato al quasi totale abbandono durante gli anni '60, anni del boom economico ed edilizio; questo elemento è stato anche la sua fortuna perché ha impedito i drastici interventi che hanno caratterizzato altri contesti storici italiani.

Da più di un decennio Ortigia è divenuta un cantiere a cielo aperto, luogo di sperimentazione e di innovazione, dove si recupera la memoria e l'identità del tempo passato. Se da una parte è stata luogo di degradazione, in questi anni il processo di recupero ha investito una rilevante fetta del patrimonio edificato, grazie a contributi esterni, provenienti dai fondi post terremoto e dal piano Urban.

Gli interventi che sono stati effettuati hanno dato un nuovo aspetto agli edifici dell'isola, una configurazione antica ed una immagine contemporanea grazie a realizzazioni a scala urbana che hanno amplificato la vivibilità degli spazi aperti. Hanno avuto alterne vicende: alcuni, operati nel massimo rispetto del manufatto, del materiale, del tempo e della tecnica costruttiva, altri invece attuati secondo un "gusto" personale, per nulla scientifico, quasi casuale. In questa sede si intende analizzare le dinamiche e individuare il *modus operandi* più frequente.

La base di partenza è a dir poco buona, edifici meravigliosi, nascosti sotto un velo di degrado hanno subito repentine trasformazioni e hanno rivisto insediarsi attività al loro interno.

È necessario fare un'importante distinzione: da una parte beni edilizi che sono stati sempre abitati e su cui si sono succeduti nel tempo interventi sommari, atti a riparare, a guasto avvenuto, quanto aveva perso la sua funzione originaria ed edifici che, invece, sono rimasti intatti, svuotati e privi di vita per decenni.

I primi, incredibilmente, versano in uno stato peggiore, su di essi la mano dell'uomo è calata pesantemente, ha alterato, modificato, sconvolto quanto era stato realizzato nel passato, intervenendo su elementi tecnici e dispositivi, distruggendoli o adeguandoli alle condizioni di vita delle varie epoche. In questi beni sono stati sostituiti infissi, aggiunti avvolgibili, demoliti volte e solai in legno per lasciare spazio a solai latero-cementizi e a pavimentazioni contemporanee. I soprusi compiuti a danno della struttura sono ben noti e spesso hanno portato via pezzi di storia e di arte. Le superfici esterne sono state modificate, colorate e rivestite con i materiali più disparati, dalle mattonelle di cemento decorato per pavimentazione, agli intonaci più moderni, ai rivestimenti cementizi in genere.

Gli interventi più frequenti sulle superfici verticali dei beni edilizi riguardano integrazioni e adeguamenti, aperture e chiusure di vani, allargamento di portali e alterazione dell'equilibrio formale di facciata. Ecco i più consueti.

Interventi sul manto di protezione:

- integrazione con materiali incongrui, di solito malta di cemento, senza soluzioni di continuità e senza strato di coloritura;
- sostituzione integrale o di parti del manto di protezione con materiali di nuova concezione, alcune volte a base di calce, altre a base cementizia, altre a base di cocciopesto;
- rari fenomeni di rincocciatura delle lacune prodotte dal degrado con materiale laterizio in fogli e malta di cemento.

Interventi sul rivestimento lapideo:

- riempimento di cavità con malta di cemento;
- integrazioni con materiale lapideo di diversa provenienza, resistenza e cromia;
- rari casi di integrazioni con materiale lapideo di similare composizione e resistenza. La cromia è variabile;
- pulitura con microsabbiatura;
- integrazione e riconfigurazione di conci lapidei con malta di cemento.

Interventi su elementi a rilievo:

- riconfigurazione di cornici con materiale di diversa natura, spesso malta e coloritura finale;
- pulitura delle parti degradate con eliminazione di colonizzazione biologica e deposito superficiale;
- sostituzione degli elementi deteriorati e che hanno perso la loro funzionalità con altri di materiale similare.

Fig. 11 – Particolare di prospetto rivestito con laterizio e degradato, via Nizza, Ortigia.

Interventi sulle decorazioni:

- applicazione di protettivi, filmogeni e non, sul materiale lapideo con alterazione del colore;
- consolidamento di parti distaccate e disgregate;
- sostituzione delle parti degradate e riconfigurazione formale con materiale similare.

Interventi sulle coloriture:

- integrazione con malta di cemento;
- sovrapposizione di strato di coloritura di cromia differente;
- integrazioni con malta bianca;
- eliminazione delle parti distaccate.

Il patrimonio edilizio che invece ha subito alterne vicende nell'uso e nella conformazione risponde ai sei stadi[12] dell'archi-

Fig. 12 – Manto di protezione ed elementi a rilievo recuperati, Ortigia.

tettura, momenti prelevati allo studio archeologico ma che ben si confanno ai beni da recuperare. Essi descrivono le fasi che un edificio può aver subito nel tempo. In questo senso si individuano:

- la costruzione;
- le trasformazioni;
- l'abbandono;
- la ruderizzazione;
- la conoscenza;
- la conservazione-fruizione.

È necessario specificare che le ultime due fasi non sempre sono riscontrabili: l'edificio può essere stato recuperato senza una fase di conoscenza approfondita oppure non essere mai stato un rudere.

Queste fasi temporali e funzionali esprimono i passaggi di stato che l'edificio ha subito nel tempo e sono utilissime per approfondire il discorso della conoscenza ai fini del recupero.

Gli edifici che hanno subito processi di abbandono e di ruderizzazione e su cui, in tempi recenti, si è intervenuti sono stati ripuliti da quella patina che il tempo e le vicissitudini portano con sé. L'intervento di recupero, in molti casi, ha portato via qualsiasi traccia del passato, qualsiasi segno di trasformazione, qualsiasi impronta del passaggio dell'uomo.

Le superfici esterne appaiono ripulite, fin troppo, senza quei movimenti chiaroscurali dati dai depositi superficiali e dalle patine. La pietra acquista una connotazione fin troppo nuova, privata di quello strato, indurito da secoli a contatto con gli agenti atmosferici, che la proteggeva.

Dal punto di vista costruttivo le tecnologie sono innovative nel senso peggiore del termine: materiali nuovi per usi semplici e duraturi, con pochi richiami alla tradizione del passato.

Gli elementi tecnici sono quelli che subiscono maggiori modificazioni: scale demolite e ricostruite, solai tagliati o rifatti con materiali simili o diversi, volte distrutte, ascensori collocati in posti strategici, coperture completamente riconfigurate con tecnologie contemporanee. Gli infissi vengono sostituiti con altri di recente fattura e morfologia, i materiali e le finiture ne indicano chiaramente solo effimeri richiami agli schemi originali.

Se da una parte l'intervento restituisce all'ambiente urbano la sua conformazione vivibile e pulita, dall'altra si perde il concetto di memoria, la forte caratterizzazione che il tempo e le trasformazioni hanno prodotto.

Trovare un intervento di recupero in cui l'identità dell'edificio stesso sia stata preservata, senza cancellarne i caratteri è impresa non semplice, peccano quasi tutti di eccessiva pulizia, sono stati rimessi a lucido, quasi il tempo non fosse passato. Su di essi gli interventi sono stati ingenti e drastici.

Interventi sul manto di protezione:
- rimozione totale del manto di protezione (di tutti i suoi strati) e applicazione di intonaco di nuova concezione, a base di malte cementizie, talvolta con finiture ai silicati;
- sostituzione integrale del manto di protezione con malte a base di cocciopesto;
- sostituzione integrale del manto di protezione con malte di calce.

Interventi sul rivestimento lapideo:
- riconfigurazione degli elementi lapidei tramite riempimento delle lacune con malta di calce o cemento e inerte lapideo;
- sostituzione dei conci degradati o non più efficienti con ma-

Fig. 13 – Manto di protezione, elementi a rilievo e decorazioni, Ortigia.

teriale lapideo similare per resistenza, cromia e caratteristiche chimico-fisiche;
- pulitura con sabbiatura o microsabbiatura.

Interventi su elementi a rilievo:
- riconfigurazione di cornici con materiale di diversa natura, spesso malta di cemento e coloritura finale;
- pulitura delle parti degradate con eliminazione di colonizzazione biologica e deposito superficiale;
- sostituzione degli elementi deteriorati e che hanno perso la loro funzionalità con altri di materiale similare.

Interventi sulle decorazioni:
- pulitura, consolidamento e protezione di parti decorate attraverso l'applicazione l'eliminazione dei depositi superficiali, il consolidamento delle parti decoese e la protezione con prodotti non filmogeni;

Interventi sulle coloriture:
- sostituzione con nuova coloritura.

Per ulteriori specifiche si rimanda al paragrafo che segue e alle successive schedature dei fenomeni.

Gli interventi di recupero in Ortigia

Gli interventi sulle superfici esterne di Ortigia relativi a pietra e intonaco deteriorati sono i più frequenti. Le casistiche dimostrano come i criteri che hanno determinato la sostituzione parziale e/o totale dell'intonaco sono stati dettati principalmente da fattori economici e, in seconda battuta, dalla mancanza di conoscenze nel settore. Solo pochi esempi, compiuti dalle Amministrazioni Comunali o da enti pubblici in genere, dimostrano

consapevolezza nelle scelte dei materiali: numerosi recuperi di superfici esterne sono da ricondurre a scelte individualistiche e poco consapevoli, effettuate con materiali e tecnologie impropri.

Dall'osservazione e dalla schedatura dei fenomeni si evince quanto l'improvvisazione sia frequente e riguardi integrazioni e/o sostituzioni; inoltre per interventi globali di rimozione e sostituzione del manto di protezione ci si rifà ad un uso poco approfondito di nuovi materiali e alla loro economicità. Sono visibili interventi effettuati senza alcun rispetto delle tecnologie tradizionali, senza studi di compatibilità materica e integrabilità funzionale, in economia, il cui interesse primario rimane quello di "dare una ripulita", spendendo poco e facendo in fretta. La durata dell'intervento, in queste condizioni, esprime una condizione labile, suscettibile di variazioni e soprattutto di accelerazioni.

A complicare la situazione interviene la causa regina di tutti i degradi: l'acqua. Essa provoca, col passare del tempo, fenomeni visibili di risalita capillare e fenomeni discendenti di dilavamento, macchia dalle coperture.

Una causa importante, oltre l'incuria e l'abbandono è la mancanza di una adeguata rete di smaltimento delle acque (in particolare bianche); essa ha causato una grande quantità di danni alle strutture in elevazione, in concomitanza alla presenza di falde freatiche che trasportano buone quantità d'acqua nel sottosuolo di Ortigia. Ne sono prova i numerosi e antichissimi pozzi che di frequente si "scoprono" durante gli interventi di recupero.

Sono quindi emersi una serie di dati circa gli interventi sulle superfici esterne che vengono di seguito riassunti:

- gli interventi di consolidamento e recupero del manto di protezione originario non esistono in Ortigia; si preferisce la sostituzione;
- si effettuano interventi, anche parziali, di sostituzione dell'intonaco con materiali difformi per caratteristiche chimiche, fisiche, meccaniche e cromatiche rispetto all'originale;
- si rilevano casi frequenti di ripristino parziale dell'intonaco con malte a base di cemento, addizionate con inerti, per granulometria e composizione mineralogica, incompatibili con il materiale originario;
- si individua un uso diffuso di intonaci premiscelati non adatti alle condizioni ambientali esistenti che, dopo l'applicazione, presentano macchie e rigonfiamenti, e che in breve tempo si distaccano dal substrato. In generale si evince la mancanza di elasticità in tali preparati;
- la presenza di fronti di risalita continua ad essere una causa di degrado su quasi tutti i paramenti indagati;
- si riscontrano intonaci degradati le cui lacune sono state colmate con malte di vario genere, quasi sempre cementizie senza alcuna uniformità cromatica o di livello. Sono interventi rudimentali e provvisori che assumono connotazioni durature in assenza di risorse economiche per ripristinare il manto;
- i paramenti lapidei in genere vengono lasciati a loro stessi, non vi sono significativi interventi di pulitura, consolidamento e protezione se non in casi sporadici;
- in alcuni tipi di intervento, quando il vuoto ha intaccato anche la muratura, si possono notare presenze grossolane di rincocciatura con materiale laterizio (in genere lamine di mattoni forati) per aumentare la consistenza dell'intonaco. In questi casi si è constatato un aumento dei fenomeni di de-

grado proprio in corrispondenza degli elementi di laterizio che risultano distaccati dall'intonaco sottostante e sovrastante;
- la polverizzazione dell'intonaco non è da mettere in relazione diretta con la presenza e vicinanza del mare; infatti intonaci disgregati e polverizzati si riscontrano sia in zone protette che in zone esposte all'aerosol marino;
- interventi sommari di ricostituzione dell'intonaco vengono effettuati per sovrapposizione di strati sul manto originario (o su quello che ne resta), impedendo quindi il passaggio dell'umidità dall'interno verso l'esterno e favorendo la formazione di

Fig. 15 – Intervento di sostituzione del manto di protezione, via Dione, Ortigia.

degradi quali sub-efflorescenze, distacchi e mancanze;
- la ricostituzione del rivestimento lapideo avviene per sostituzione di singoli conci. L'intervento risulta ben visibile e la pietra utilizzata spesso ha caratteristiche meccaniche diverse da quella originaria;
- gli interventi di pulitura riguardano quasi esclusivamente le mensole di balconi che, successivamente non vengono né consolidate né protette. La pietra privata dello strato protettivo, indurito dal tempo, diviene terreno fertile per l'attecchimento del degrado;
- per stipiti e cornici, gli interventi riguardano principalmente il cambiamento dimensionale delle aperture per trasformare

Fig. 16 – Le superfici esterne di Marzamemi (SR).

una porta in un portone, per alzare e allargare e una finestra.

Considerazioni sui nuovi interventi di recupero del patrimonio edilizio

Gli interenti effettuati su Ortigia esprimono il valore della tecnologia che è stata operata per recuperarli e necessitano di un quadro completo per essere analizzati ed interpretati.

Il punto di vista operativo, negli interventi di recupero, è una delle esigenze su cui c'è maggiore necessità di definizione. In particolare in Ortigia, l'edificato è caratterizzato da una chiara e persistente tecnica costruttiva che ha permesso, nei secoli, il perdurare e il tramandarsi di materiali e tecnologie applicati ad edifici, giunti fino a noi in discrete condizioni. Questa tecnologia costruttiva, dettata da indicazioni tecniche e distributive (esposizione e orientamento degli edifici), ha dato uniformità al costruito. Essa, fatta di materiale lapideo e maestria, è stata l'artefice dell'aspetto e dell'immagine urbana, che ha reso Ortigia un giardino pietrificato, in cui la decorazione si affianca alle scelte formali, in un compendio unico al mondo.

Le trasformazioni operate nel tempo sono sempre state legate a questa tradizione costruttiva e solo negli ultimi anni hanno subito vicissitudini diverse da quelle reiterate dalla tradizione. Ecco che l'intervento sulle superfici esterne non diventa più sostituzione puntuale di elementi degradati nel rispetto dell'unità formale, compositiva e tecnologica, ma intervento integrato in logiche di tipo economico e immobiliare. È cioè finalizzato non più al mantenimento di una certa prestazione, ma alla prefigurazione di scenari atti a collocare un maggiore numero di persone, a richiamare l'attenzione, a sembrare, piuttosto che essere. Tutto questo snatura i beni edilizi di Ortigia e il loro valore.

Il valore del costruito, del passato, della memoria è invece ben valorizzato nell'interessante intervento proposto dagli architetti francesi Karin Chartier e Thomas Corbasson nell'ex convento des Recollets[13] a Parigi (intervento completato nel 2006). In esso il manto di protezione è stato consolidato e lasciato com'era, logoro, con i segni delle trasformazioni e del tempo. In quel contesto la successione degli eventi, dei modi di vita si può ancora leggere sulle superfici murarie e ricavarne i caratteri dell'edificio, la sua memoria, il suo senso.

Così come il recupero del borgo di Santo Stefano di Sessanio, in provincia dell'Aquila, borgo medievale con origini romane in cui la pietra domina sovrana, e che ha condotto alla realizzazione di un albergo diffuso. Gli architetti[14], in un dialogo costante con la storia e l'identità forte del borgo hanno realizzato una struttura ricettiva nell'assoluto rispetto dei caratteri agresti del luogo. Ed ancora l'intervento puntuale sul borgo marinaro di Marzamemi in cui la Soprintendenza ai BB.CC.AA. ha imposto la conservazione degli intonaci originari agli edifici più significativi della piazza centrale.

Il recupero di Ortigia, già in buona parte realizzato, pone un serio problema relativo ai molti fattori che ne hanno compromesso l'aspetto: materiali, coloriture, tecnologie.

Il recupero delle superfici esterne di Ortigia deve essere compiuto nel massimo rispetto conservativo, nell'interesse dell'utente e dell'unità architettonica e tecnologica del luogo. È necessaria quindi una uniformità di vedute, a prescindere dalla particolarità che ogni caso riveste in sé, una uniformità dettata

da ricerche, analisi e studi fondati su premesse culturali valide di chiara ispirazione pragmatica e facilmente interpretabili. Non si può dire come, ma si possono suggerire soluzioni volte alla conservazione del patrimonio materiale, che hanno alla base lo studio delle differenze, dei casi limite, degli errori, dei degradi, delle perdite prestazionali.

Trovarsi di fronte beni edilizi su cui l'unico intervento visibile consiste nella rimozione dell'intonaco originario e nell'applicazione d'uno nuovo che, per caratteristiche tecnologiche, materiche e cromatiche, contrasta con l'ambiente e con la *facies* degli edifici circostanti, nonché con gli insegnamenti della tradizione e delle discipline tecnologiche, significa tradire il passato, i dettami del recupero e la città.

In un contesto così importante e nell'ambito di un processo di riqualificazione dell'abitato il

«procedere all'identificazione delle condizioni che sottendono il funzionamento ambientale e strutturale del costruito esistente»[15]

è momento significativo di un processo in cui l'analisi implica il rispetto dei vincoli imposti dall'esistente, il raggiungimento di determinate esigenze e la valorizzazione delle potenzialità inespresse.

Ed è importante riuscire a valutare prima visivamente e poi, ove necessario, attraverso indagini, quali siano i materiali e quali fattori possano influenzarli.

In questo senso l'indagine visiva diventa strumento di controllo e suggerisce strategie di intervento, in funzione dell'esperienza e dei caratteri visibili.

Osservare i materiali, le tecnologie e la messa in opera diventa azione rilevante ai fini della valutazione dell'intervento, della sua ripetibilità e durabilità.

Il problema che in altra sede dovrà essere preso in considerazione riguarda la gravità dei fenomeni di degrado presenti, la loro valutazione e l'urgenza o meno dell'intervento. Tali elementi presuppongono una approfondita conoscenza dello stato di conservazione di materiali e ed elementi tecnici e di anticipare le manifestazioni del degrado.

In questa sede si è costituito un quadro conoscitivo sulle tipologie di intervento più frequenti e sui loro esiti nel tempo, prodotto attraverso l'osservazione di fenomeni e tecniche. Si è costituito un repertorio di informazioni che, completato con gli studi sui caratteri ambientali e sulle reazioni chimico-fisiche innescate, conduce ad individuare deperimenti e inefficacia di alcuni interventi, così come suggerisce riflessioni sul carattere formale di altri e sulla loro giustificazione tecnologica.

[1] Definite dalla norma UNI 11150-3:2005 *Edilizia. Qualificazione e controllo del progetto edilizio per gli interventi sul costruito. Attività analitiche ai fini dell'intervento sul costruito.*

[2] UNI 11150, nota 1.

[3] CECCHI, R., GASPAROLI P. *Prevenzione e manutenzione per i Beni Culturali edificati,* pp. 25-28.

[4] Durabilità intesa inizialmente come "tendenza di alcunché a resistere nel tempo" di Giuseppe Ciribini, in: Recuperare n. 6, 1983, è stata ampliata dalla norma UNI 11156-1:2006 *Valutazione della durabilità dei componenti edilizi. Terminologia e definizione dei parametri di valutazione* che la definisce come la "capacità di svolgere le funzioni richieste durante un periodo di tempo specificato, sotto l'influenza degli agenti previsti in esercizio". Tale norma indica inoltre un metodo per la valutazione della durata (vita utile).

[5] GIUFFRÈ, A. ed., *Sicurezza e conservazione dei centri storici. Il caso Ortigia.*

[6] GIUFFRÈ, A. ed., nota 5. In questo testo vengono dettagliatamente riprodotte le tecniche costruttive di ogni elemento tecnico, le diverse tipologie, le varianti e le possibilità di intervento.

[7] Si ricorda il terremoto del 13 dicembre 1990 che provocò notevoli danni al fatiscente patrimonio edilizio di Ortigia e ne indirizzò il recupero attraverso leggi speciali e finanziamenti.

[8] Ne sono segno tangibile la ricerca del C.N.R., I.N.C.B.C. *Il Centro Storico di Ortigia. La conoscenza per la manutenzione* commissionata dal Comune di Siracusa al centro Gino Bozza e conclusasi nel 2000. Il Dipartimento ARP ha attivato ricerche sul recupero edilizio di Ortigia e sul degrado che sono confluite nella pubblicazione CATERINA, G. ed., *Tecnologie di intervento per il recupero di Ortigia.* Lo stesso Dipartimento ha sostenuto la tesi di dottorato CANTONE, F. *Atlante delle forme di degrado* e la successiva ricerca sugli interventi di recupero sulle facciate di Ortigia.

[9] TUBI, N. *Rilevamento dello stato e tecniche degli interventi di ripristino negli edifici,* p. 182.

[10] TUBI, N. nota 9, pp. 182-183.

[11] Per catena di degrado si intende quella successione di fenomeni di degrado, sullo stesso elemento lapideo, che porta alla successiva e lenta distruzione dello stesso o alla perdita della sua capacità funzionale.

[12] Per l'identificazione delle sequenze di un'architettura, in ambito archeologico ed architettonico, si veda BROGLIOLO, G. P. *Il percorso archeologico della conoscenza di un'architettura,* in: CECCHI R., GASPAROLI P. nota 3, pp. 287-291. In tale trattazione gli stadi evidenziati sono sette. In questa sede sono stati tradotti in termini di recupero. È di grande importanza, nel percorso di conoscenza, individuare le fasi di un edificio attraverso cui ricostruire l'intero iter, dalla costruzione al suo recupero.

[13] www. archilovers.com/p61945/maison-de-l-architecture (consultato il 21.07.2012).

[14] L'intervento di recupero è stato realizzato nel 2009 da Oriano Associati Architetti e da Daniele Kihlgren. Si veda http://www.archilovers.com/p52753/Albergo-Diffuso-S-Stefano-di-Sessanio (consultato il 23.03.2012).

[15] CATERINA, G. *Progettare il recupero del costruito esistente: obiettivi, vincoli e potenzialità,* in: CATERINA G. ed., nota 8, p. 20.

Observatory on the recovery actions for the external surfaces of Ortigia

In the context of the Recovery and of the definition of planning strategies, the diagnosis, the observations, the analysis of the pathology and of the degradations are necessary elements for the definition of the project sceneries.

The diagnosis offer a systematic approach to the information that can be acquired in the building and these information gives back useful elements for the project.

On the diagnosis the bibliography is very wide; to sum up, it «deals with the methodological, procedural and instrumental apparatus, with the guide and control of the observations to do on the Building Good and that translate into the formulation of the diagnosis »; The most meaningful aspect concerns the understanding of the existing phenomena and the analysis of the relationships between each part and the whole (device, technical element, technological system, environmental system and building system).

The activities concerning the diagnosis detected and classified according the law UNI 11150-1 of 2005 and combined inside the wider context of the analytical activities.

It has been verified that one first important analysis can come from the observation of the phenomena that can replace the laboratory investigations an become instruments to monitor the decays and the actions. In this sense the experience can offer a very wide frame to which we have to refer.

The judgement criterions and approximation levels of the observation are the time of observation, the outlining conditions, the way (the proximity/distance; light/ shadow; rain/dried; cold temperatures/hot temperatures).

Since more than a decade Ortigia has become an open air construction *site*, experimentation and innovation place where the memory and the identity of the past is recovered through wonderful buildings, hidden under a veil of degradation and that has come into life again with a dignified *facies*.

The construction heritage, that suffered from ups and downs in the use and in the conformation, answers to the six architectural stages: construction, transformation, the neglect, the ruins, the knowledge and the preservation-fruition.

These temporal and functional phases express the state passages which the building undertook during the time and that are very useful to go in the deep of the topic of knowledge for the recovery.

The most frequent actions in the vertical surfaces concern the integrations and adaptations, openings and closings of spaces, the widening of portals and alterations of the formal equilibrium of the façade, replacing of the frames. The interventions were made in the protective layer, in stone's covering, in the elements in relief, in the decorations and in the colourations.

The buildings that went through neglecting and wrecking processes and on which, recently, it was acted have been cleaned from the film that the time and the events carry with them. The recovering interventions, in many cases, has taken away any trace of the past, any sign of transformation, any mark of the human passage.

The external surfaces appear to be cleaned again, excessively, without those lights and shades movements given by the surface deposits and by the films. The stone acquires a new connotation, too much new, deprived of that layer, hardened by the centuries, in contact with the weather agents, that protected it.

From the building point of view the technologies are innovative in the worse meaning of the term: new materials for simple and lasting uses, with few calls to the tradition of the past.

The technical elements are those that go under modifications: ladders destroyed and rebuilt, cut lofts or made again with similar or different materials, sometimes destroyed, elevators put in strategical places, coverings completely restructured and with contemporary technologies.

If on one hand this kind of intervention gives back to the human environment its conformation livable and clean, on the other hand the concept of memory proper of these elements is lost, the strong characterization that the time and its transformations produced.

La conoscenza per gli interventi di recupero in Ortigia. Introduzione alle schede

Luca Tringali

Nulla è più duro d'una pietra e nulla più molle
dell'acqua. Eppure la molle acqua
scava la dura pietra.
Ovidio

Gli interventi esaminati riguardano un ampio campionario di edifici situati sull'isola di Ortigia, senza prevalenze rilevanti di posizione. La distribuzione eterogenea sul territorio ha permesso una comparazione differenziata del tipo di interventi in ambienti diversi, comprendendo sia le zone a diretto contatto col mare che le parti più interne e riparate.

La casistica esaminata considera in prevalenza edifici per abitazione, composti da un massimo di tre elevazioni con struttura in muratura portante, ed alcuni edifici pubblici. I primi hanno dato la possibilità di studiare interventi di riqualificazione, sostituzione o ripristino eseguiti con maggiore frequenza, per tipologia, materiali e tecniche utilizzate. I secondi sono quelli su cui le scelte di intervento sono visibilmente state ponderate. Nella maggior parte dei casi è stato riscontrato che gli interventi eseguiti per conto dei proprietari sono stati realizzati in maniera inadeguata, cercando di porre rimedi approssimativi a problematiche che dovevano essere affrontate in modo rigoroso, sia in fase d'indagine che in fase di intervento. È abbastanza probabile che non ci sia stata alcuna fase diagnostica e che l'intervento sia stato effettuato consultando un addetto e seguendo i suoi suggerimenti.

Sono stati scelti "rimedi" dettati da esigenze di tipo economico o temporale; in molte occasioni si è considerato più importante trovare una rapida quanto apparente risoluzione ai problemi in atto, piuttosto che indagare a fondo sulle cause che hanno provocato i degradi e trovare le opportune soluzioni.

Questa indagine comparativa ha consentito a distanza di un decennio di valutare, attraverso lo studio di numerosi parametri, l'efficacia e la durata nel tempo di quanto realizzato negli anni precedenti.

I principali elementi interessati sono stati:
- manto di protezione;
- rivestimento lapideo;
- elementi a rilievo;
- elementi decorativi;
- coloriture.

Le schede delle indagini svolte sono state strutturate in modo da fornire una descrizione dettagliata di ogni edificio e degli in-

Fig. 2 – Intervento di recupero del manto di protezione e ripristino del basamento lapideo, via delle Carceri Vecchie, Ortigia.

terventi ad esso inerenti. La scheda intende fornire un contributo di conoscenza per riconoscere e valutare i tipi di intervento presenti sul territorio aretuseo.

Essa, divisa in tre parti, contiene informazioni di tipo anagrafico, descrittivo, di osservazione degli interventi e dei fenomeni su di essi presenti. In una prima parte sono descritte le caratteristiche morfologiche e materiche dell'edificio attraverso una lettura della facciata e degli elementi che la compongono: sono stati riportati i principali materiali ed uno schema di facciata che ne esprime i caratteri formali. Una seconda parte è riferita agli interventi campionati nell'anno 2002; in questa

sezione viene descritto il tipo di intervento eseguito, ponendo particolare attenzione all'analisi delle sue caratteristiche, all'ubicazione rispetto all'edificio ed infine ai degradi presenti a quell'epoca. La terza sezione riporta la descrizione dell'edificio oggi e analizza lo stato di conservazione e l'efficacia dell'intervento in esame descrivendo la durata e gli effetti che questo ha avuto nel tempo.

La scelta dei casi ha seguito logiche legate a diverse caratteristiche ambientali, di esposizione, di soleggiamento e di traffico veicolare. In questo modo gli interventi sono stati messi in relazione con i caratteri ambientali dei luoghi. Sono stati censiti circa sessanta casi, la ripetitività dei fenomeni ha condotto alla selezione di quelli emblematici e frequenti. Ne sono stati selezionati sedici.

Gli esiti delle informazioni acquisite e delle deduzioni possono essere sintetizzati come segue. Nella maggior parte dei casi, gli interventi effettuati non hanno avuto riscontro positivo: in poche occasione si è rilevato un buon livello di conservazione, in un ampio campione gli interventi precedenti non erano più visibili e sostituiti, in tutto o in parte, da altri effettuati nel corso del tempo. Oppure l'intervento era stato volto a riempire il vuoto, la lacuna, lasciata dalla perdita del manto di rivestimento, senza alcuna attenzione per il materiale e la cromia originaria.

Dalla comparazione dei casi esaminati possiamo notare come l'elemento su cui maggiormente si è intervenuti risulta essere il manto di protezione esterno seguito dagli elementi lapidei e dalla parte basamentale dell'edificio.

Nel primo caso si riscontra come spesso non ci siano fasi d'indagine preliminare sulle cause che hanno portato i degradi a manifestarsi; non sono state cioè approfondite le scelte riguardo tecniche e materiali appropriati. L'esito di questo processo è l'adozione di soluzioni inappropriate per aspetto, materiale, tecnica. La realizzazione di interventi attraverso l'uso di materiali poco idonei e compatibili con quelli della tradizione, in particolare intonaci a base cementizia, elementi di rivestimento in laterizio o cemento, ha portato, nel corso del tempo, ad un aggravamento delle condizioni di partenza. Tali materiali non traspiranti hanno incrementato gli effetti del degrado precedentemente presente e hanno provocato distacchi, fessurazioni e lacune di notevole entità.

Le applicazioni di nuovi strati di intonaco vengono quasi sempre eseguite applicando uno strato sulle parti ammalorate, senza prevedere puliture, lavaggi e consolidamenti preventivi. L'unico accorgimento utilizzato talvolta è l'utilizzo di reti porta intonaco. In alternativa al rifacimento parziale o totale degli intonaci esterni si è rilevato un ampio uso di elementi in laterizio o cemento come soluzione a problemi di umidità di risalita capillare, fenomeno evidente nella fascia basamentale, e degrado degli intonaci. Tale manifestazione ha comportato una visibile alterazione delle caratteristiche formali e cromatiche dell'edificio e ad un netto peggioramento delle condizioni di degrado iniziali; in quasi tutti i casi è stata riscontrata l'eliminazione del precedente intervento.

Interventi ricorrenti, riscontrati sugli elementi lapidei, siano essi strutturali o appartenenti all'apparato decorativo, riguardano integrazioni del paramento murario, ricostruzione di interi elementi, stilatura dei giunti e rivestimento degli elementi. Anche in questo caso, si è rilevato l'uso di materiali inappropriati come malta cementizia ed elementi in laterizio; in taluni casi si è notato l'uso di vernici non traspiranti o protettivi non idonei come rivestimento degli elementi in pietra.

Fig. 3 – Intervento di ripristino degli elementi lapidei e del manto di protezione, vicolo I alla Mastrarua, Ortigia.

Gli elementi decorati, quali mensole e cornici, hanno subito nel corso del tempo importanti fenomeni di trasformazione, causati da degradi diffusi. Su di essi gli interventi sono stati di riconfigurazione con malte o di sostituzione integrale. L'eccessiva libertà interpretativa ha portato ad interventi di vario peso e a mantenimento di mensole fortemente degradate, a puliture aggressive tramite sabbiatura, a sostituzioni con materiali diversi per caratteristiche meccaniche e fisiche.

Alla luce dei dati raccolti sono emersi numerosi aspetti comuni riguardo i casi esaminati, quali:

Fig. 4 – Intervento di ripristino degli elementi lapidei e manto di protezione, via Larga, Ortigia.

- errata o assente valutazione delle cause ed interpretazione dei degradi da parte dei proprietari/ tecnici/operatori;
- errata o inappropriata scelta dei materiali e delle tecniche di intervento;

- alterazione delle caratteristiche materiche e percettive del manufatto;
- avanzamento dello stato di degrado;
- inefficacia nel tempo degli interventi eseguiti.

A seguito di questi risultati si può affermare che quasi tutti gli edifici presi in esame, allo stato attuale, risultano in condizioni peggiori rispetto al 2002. Fanno eccezione alcuni edifici pubblici su cui l'intervento risulta analizzato in fase pre-diagnostica e diagnostica e le cui superfici esterne risultano essere in migliori condizioni. L'unico elemento comune è il distacco e la caduta di parti rilevanti di strato di coloritura e, in alcuni casi, di intonaco

I degradi presenti un tempo hanno continuato la loro evoluzione ed in alcuni casi hanno coinvolto altri componenti, provocando ulteriori danni. In un numero ridotto di casi gli interventi non sono più visibili perché rimossi e sostituiti, sono stati eseguiti nuovi interventi più appropriati che ad oggi hanno portato ad un buono stato di conservazione delle varie parti ed una diminuzione dei fenomeni di degrado.

Questo studio infine, non ha valutato la gravità di ciascuno stato di conservazione, rimanendo uno strumento di osservazione e valutazione degli interventi.

In conclusione si evince l'urgente necessità di divulgare la conoscenza, come strumento di valutazione degli interventi e di valorizzazione dei caratteri identitari dell'edificato.

The knowledge for recovery intervention in Ortigia. Introduction to work sheet

Luca Tringali

The interventions concern a wide selection of building located in the Ortigia island, without relevant predominances of positions. The heterogeneous distribution allowed a differentiated comparison of the actions in different environments, understanding both the area in direct contact with the sea and the most inner and repaired parts.

The case report investigated predominantly considers buildings as houses, composed by a maximum of three elevations with a supporting wall structure, and some public buildings.

This comparative survey allowed in the distance of a decade to value the efficacy and the duration in the time of what realized in the previous years.

The principal element that were interested were: protection layer; the stone covering; elements in relief; decorative elements; colorations.

The files, divided in three parts, contain information of anagraphical, descriptive, and observing nature of the interventions and of the phenomena present in them.

More or less sixty cases were registered, the repetitiveness of the phenomena brought to the selection of those emblematic and frequent. There were sixteen chosen.

The results of the acquired information and the deductions can be summarized as it follows.

In the light of the gathered elements several aspects in common with the investigated cases emerged. These are: wrong or absent evaluations of the causes and interpretations of the decays by the owners/experts/operators; wrong or inappropriate choice of the materials and of the actions; alterations of the material and the perceptive features of the handiwork; progress of the degradation; inefficiency in time of the actions already taken.

After these results it can be said that almost all the buildings taken under examination, in the actual state, result in worse conditions comparing with 2002. It Makes an exception some public buildings on which the interventions is analyzed in a pre-diagnosis and diagnosis stage and the external surfaces result to be in better conditions. The only element in common is the detachment and the fall of relevant parts of the colouration layer. and in some cases of the plasters. The decays once existing continued their evolution and in some cases involved other components , causing other damages. In a reduced number of cases, the actions are not visible anymore because moved away and replaced, new and more appropriate and completed interventions that until now brought to a good state of preservation of the different parts and the diminution of the degradation phenomena.

This investigation finally, didn't evaluate the gravity of each state of preservation, remaining an instrument of observation and evaluation of the interventions.

In conclusion, it is evident the urgent necessity of disclosing the knowledge , as instrument of evaluation of the actions and the improvement of the identity features of the built.

Chiesa
Santa Teresa

Secolo XVIII

Schede sugli interventi per le superfici esterne

Work sheets on interventions for external surfaces

Fernanda Cantone, Luca Tringali

SCHEDA N. 1-A

CONDIZIONI DI OSSERVAZIONE	LOCALIZZAZIONE	ANAGRAFICA	CARATTERI DI CONTESTUALIZZAZIONE

CONDIZIONI DI OSSERVAZIONE

TEMPO DI OSSERVAZIONE
20 minuti + tempo di rilievo

CONDIZIONI AL CONTORNO
Superficie d'angolo, a formare una cortina con edifici a due/tre elevazioni. Spazio limitato.

MODO:
VICINANZA
LONTANANZA

LUCE
OMBRA

SOLE
NUOVOLOSO

PIOGGIA
ASCIUTTO

FREDDO
CALDO

LOCALIZZAZIONE

SCHEMA DI FACCIATA

ANAGRAFICA

UBICAZIONE/LOCALIZZAZIONE
Via Vittorio Veneto

ELEMENTI DI SUPERFICIE

Manto di protezione: intonaco cementizio.

Rivestimento lapideo: assente.

Elementi a rilievo: calcarenite gialla.

Decorazioni: assenti.

Coloritura: strato di coloritura difforme dal precedente.

CARATTERI DELLA FACCIATA

Edificio a tre piani e tre campate con basamento ed elementi d'angolo (cantonali) in pietra.
Al piano terra presenta un portale d'ingresso bugnato composto da blocchi squadrati in pietra con un ulteriore arco sovrastante in pietra decorato. Al piano primo si trovano due aperture con balcone in aggetto sorretto da mensole in pietra decorate.

CARATTERI DI CONTESTUALIZZAZIONE

ESPOSIZIONE GEOGRAFICA
Sud-est

SOLEGGIAMENTO
Estivo   h. 7
Invernale   h. 4 m. 30

POSIZIONE RISPETTO AL MARE
Riparata.
Distanza m. 15.

POSIZIONE RISPETTO AI VENTI
Riparata dai venti frontali.
Esposta a correnti radenti.

SPAZI ANTISTANTI
Strada di ampiezza limitata, a discreto traffico veicolare, non rettilinea.

PRESENZA DI TRAFFICO VEICOLARE
Frequente
Discreto
Raro
Assente

SCHEDA N. 1-B

TIPO DI INTERVENTO
Apposizione di rivestimento a protezione dall'umidità

TIPO DI INTERVENTO
Ritacimento del manto di protezione, pulitura degli elementi a rilievo.

CONDIZIONI DI STATO

CONDIZIONI DI STATO 2002

INTERVENTO DI RECUPERO 2012

DEGRADI PRESENTI OGGI
Lacuna;
Macchia;
Croste nere;
Deposito superficiale.

DEGRADI PRESENTI NEL 2002
Lacuna;
Aggiunta di materiale;
Degrado differenziale;
Erosione.

MATERIALI
Pietra: calcarenite gialla, compatta.
Manto di protezione: intonaco cementizio

CARATTERI DELL'INTERVENTO
Giustapposizione all'intonaco esistente di uno strato di materiale diverso per natura e cromia come rivestimento fino all'imposta dell'arco.

MATERIALI UTILIZZATI
Mattonelle di cemento colorato.

LOCALIZZAZIONE

    ☐

Manto di protezione Rivestimento lapideo Elementi a rilievo Decorazioni Coloritura

TECNICHE UTILIZZATE
Applicazione sopra l'intonaco esistente e in allineamento con il basamento in pietra sottostante.

STATO DI CONSERVAZIONE
L'intervento parziale è stato sostituito con un intonaco, colorato in pasta. Il basamento in pietra è stato in parte ripristinato.

DURATA
L'intervento presenta dei fenomeni di degrado di una certa importanza che ne rendono l'intervento poco durevole. Il tempo trascorso e il completamento dell'intonaco hanno compromesso l'intonaco stesso.

EFFETTI
Si nota solo la presenza di materiale inappropriato sul basamento. Non sono presenti degradi apparenti.

POSIZIONE ED ESTENSIONE DEI FENOMENI DI DEGRADO
Rivestimento lapideo nel basamento.

INTENSITÀ
I fenomeni di degrado sono diversi e non è possibile risalire alla loro entità.

SCHEDA N. 2-A

CONDIZIONI DI OSSERVAZIONE	LOCALIZZAZIONE	ANAGRAFICA	CARATTERI DI CONTESTUALIZZAZIONE

TEMPO DI OSSERVAZIONE
35 minuti + tempo di rilievo

CONDIZIONI AL CONTORNO
Superficie inserita in una cortina limitata, con edifici a due/tre elevazioni. Soleggiamento molto limitato. Fronte stradale limitato.

MODO:
VICINANZA ▣
LONTANANZA ☐

LUCE ☐
OMBRA ▣

SOLE ☐
NUOVOLOSO ▣

PIOGGIA ☐
ASCIUTTO ▣

FREDDO ▣
CALDO ☐

SCHEMA DI FACCIATA

UBICAZIONE/LOCALIZZAZIONE
Via Francesco Torres

ELEMENTI DI SUPERFICIE

Manto di protezione: intonaco cementizio.

Rivestimento lapideo: assente.

Elementi a rilievo: calcarenite gialla.

Decorazioni: calcarenite gialla.

Coloritura: sui toni del giallo. Non si conosce la coloritura originaria.

CARATTERI DELLA FACCIATA

Edificio a due piani e tre campate con ritmo ABA, l'ingresso è costituito da un portale bugnato in pietra posto in posizione centrale. Non presenta particolari elementi decorativi.

ESPOSIZIONE GEOGRAFICA
Sud

SOLEGGIAMENTO
Estivo   h. 4
Invernale   h. 2 m. 30

POSIZIONE RISPETTO AL MARE
Riparata.
Distanza m. 150.

POSIZIONE RISPETTO AI VENTI
Riparata dai venti frontali e radenti.

SPAZI ANTISTANTI
Strada di ampiezza limitata, raramente transitata da autoveicoli, non rettilinea.

PRESENZA DI TRAFFICO VEICOLARE
Frequente ☐
Discreto ☐
Raro ☐
Assente ▣

SCHEDA N. 2-B

TIPO DI INTERVENTO
Chiusura parziale della bucatura. Riconfigurazione degli stipiti.

TIPO DI INTERVENTO
Rifacimento del manto di protezione, modificazione degli elementi a rilievo.

CONDIZIONI DI STATO

CONDIZIONI DI STATO 2002

INTERVENTO DI RECUPERO 2012

DEGRADI PRESENTI OGGI
Nessuno.

DEGRADI PRESENTI NEL 2002
Lacuna.
Aggiunta di materiale.
Degrado differenziale.
Erosione.
Deposito superficiale.

MATERIALI
Pietra: calcarenite bianca, compatta.
Manto di protezione: intonaco cementizio

CARATTERI DELL'INTERVENTO
Ricostituzione degli stipiti in laterizio; innalzamento del piano di calpestio interno. Chiusura della sommità della bucatura.

MATERIALI UTILIZZATI
Elementi a rilievo in laterizio pieno.

LOCALIZZAZIONE

   ☐   ☐   ☐

Manto di protezione   Rivestimento lapideo   Elementi a rilievo   Decorazioni   Coloritura

TECNICHE UTILIZZATE
L'intervento sembra esser stato compiuto in due tempi: prima l'innalzamento del piano di calpestio, la cui bucatura è stata riempita con conci di pietra squadrata; poi gli stipiti e l'apertura superiore che è stata tamponata con laterizio pieno, legato da malta. Gli stipiti sono stati realizzati con lo stesso materiale.

STATO DI CONSERVAZIONE
L'intervento non è più visibile, tutto l'edificio è stato recuperato con l'inserimento di elementi in pietra per riconfigurare le aperture del piano inferiore, con un nuovo intonaco. Si nota inoltre che l'apertura, un tempo a piano terra, è stata mantenuta soprelevata. L'intervento ha ripristinato i livelli qualitativi di vivibilità, pur riconfigurando gli elementi tecnici e i relativi dispositivi.

INTENSITÀ
Nessuna forma di degrado

DURATA
L'intervento, effettuato due anni addietro ha restituito una facciata in ottime condizioni.

EFFETTI
Nessuno

SCHEDA N. 3-A

CONDIZIONI DI OSSERVAZIONE	LOCALIZZAZIONE	ANAGRAFICA	CARATTERI DI CONTESTUALIZZAZIONE

TEMPO DI OSSERVAZIONE
15 minuti + tempo di rilievo

CONDIZIONI AL CONTORNO
Cortina isolata a due elevazioni. Gli edifici circostanti, di dimensioni inferiori, hanno due/tre elevazioni. Soleggiamento molto limitato. Fronte stradale limitato.

MODO:
VICINANZA
LONTANANZA

LUCE
OMBRA

SOLE
NUOVOLOSO

PIOGGIA
ASCIUTTO

FREDDO
CALDO

SCHEMA DI FACCIATA

UBICAZIONE/LOCALIZZAZIONE
Via Salomone

ELEMENTI DI SUPERFICIE

Manto di protezione: intonaco a calce.

Rivestimento lapideo: assente.

Elementi a rilievo: calcarenite gialla.

Decorazioni: calcarenite gialla.

Coloritura: sui toni del giallo.

CARATTERI DELLA FACCIATA

Facciata composta da tre campate con ritmo AAA, le bucature presenti nei due piani che la compongono sono costituite da archi a sesto acuto in pietra. Anche la parte basamentale e gli elementi d'angolo sono realizzati in pietra. Non presenta caratteri decorativi di rilievo.

ESPOSIZIONE GEOGRAFICA
Ovest

SOLEGGIAMENTO
Estivo   h. 5
Invernale   h. 2 m. 15

POSIZIONE RISPETTO AL MARE
Riparata.
Distanza m. 15.

POSIZIONE RISPETTO AI VENTI
Riparata dai venti frontali e radenti.

SPAZI ANTISTANTI
Strada di ampiezza limitata, pedonale, rettilinea. Gli edifici adiacenti limitano il soleggiamento.

PRESENZA DI TRAFFICO VEICOLARE
Frequente

Discreto

Raro

Assente

SCHEDA N. 3-B

CONDIZIONI DI STATO | CONDIZIONI DI STATO **2002** | INTERVENTO DI RECUPERO **2012**

DEGRADI PRESENTI OGGI
Disgregazione.
Dilavamento.
Erosione.
Mancanza.

DEGRADI PRESENTI NEL 2002
Disgregazione.
Dilavamento.
Erosione.
Mancanza.

MATERIALI
Pietra: calcarenite gialla, compatta.
Manto di protezione: intonaco a calce (tracce).

CARATTERI DELL'INTERVENTO
Applicazione sifoni tipo Knapen sul paramento.

MATERIALI UTILIZZATI
Laterizi.

LOCALIZZAZIONE

   ☐ ☐

Manto di   Rivestimento   Elementi   Decorazioni   Coloritura
protezione   lapideo   a rilievo

TECNICHE UTILIZZATE
Realizzazione di un ampio foro, posa di un letto di malta, collocazione del laterizio, fissaggio dello stesso. Chiusura del foro con eventuale grata di aerazione.

STATO DI CONSERVAZIONE
Il precedente intervento mirava a limitare le migrazioni di umidità di risalita. Allo stato attuale gli elementi triangolari del sifone Knapen non sono più visibili. Rimangono solo i fori.

INTENSITÀ
Nessun peggioramento dei fenomeni. Inutilità dell'intervento a causa di azioni vandaliche che ne hanno rimosso i componenti.

DURATA
L'intervento non è più in essere. La sua durata non è quantificabile. Non si conosce l'epoca della rimozione dei componenti.

EFFETTI
Non si individua nessun peggioramento delle condizioni di stato.

SCHEDA N. 4-A

CONDIZIONI DI OSSERVAZIONE

TEMPO DI OSSERVAZIONE
20 minuti + tempo di rilievo

CONDIZIONI AL CONTORNO
Cortina isolata a tre elevazioni. Gli edifici circostanti, di dimensioni simili, hanno caratteri simili. Soleggiamento buono. Fronte stradale limitato.

MODO:
VICINANZA ■
LONTANANZA □

LUCE ■
OMBRA □

SOLE ■
NUOVOLOSO □

PIOGGIA □
ASCIUTTO ■

FREDDO ■
CALDO □

LOCALIZZAZIONE

SCHEMA DI FACCIATA

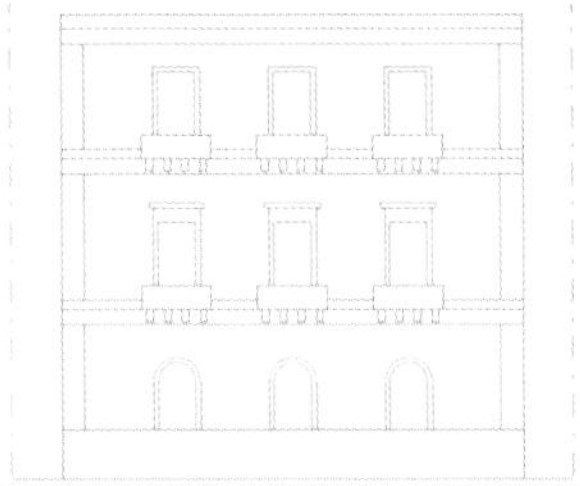

ANAGRAFICA

UBICAZIONE/LOCALIZZAZIONE
Via Vittorio Veneto

ELEMENTI DI SUPERFICIE

Manto di protezione: intonaco a calce.

Rivestimento lapideo: calcarenite gialla.

Elementi a rilievo: calcarenite gialla.

Decorazioni: calcarenite gialla.

Coloritura: sui toni del giallo.

CARATTERI DELLA FACCIATA

Edificio a tre piani composto da tre campate. con ritmo AAA. Il piano terra è realizzato in blocchi di pietra squadrata a vista, così come gli elementi d'angolo, il basamento ed il coronamento.

CARATTERI DI CONTESTUALIZZAZIONE

ESPOSIZIONE GEOGRAFICA
Sud-ovest

SOLEGGIAMENTO
Estivo h. 5 m. 40
Invernale h. 4 m. 30

POSIZIONE RISPETTO AL MARE
Riparata.
Distanza m. 15.

POSIZIONE RISPETTO AI VENTI
Esposta a radenti laterali.

SPAZI ANTISTANTI
Strada di ampiezza limitata, carrabile, mistilinea. Gli edifici adiacenti non impediscono il soleggiamento.

PRESENZA DI TRAFFICO VEICOLARE
Frequente □
Discreto ■
Raro □
Assente □

SCHEDA N. 4-B

CONDIZIONI DI STATO	CONDIZIONI DI STATO **2002**	INTERVENTO DI RECUPERO **2012**

CONDIZIONI DI STATO

DEGRADI PRESENTI OGGI
Alveolizzazione.
Distacco.
Lacuna.
Efflorescenze.
Macchie.

DEGRADI PRESENTI NEL 2002
Alveolizzazione.
Distacco.
Lacuna.
Efflorescenze.
Macchie.
.

MATERIALI
Pietra: calcarenite gialla, compatta.
Manto di protezione: intonaco a calce (tracce).

CONDIZIONI DI STATO 2002

CARATTERI DELL'INTERVENTO
Applicazione di uno strato di malta cementizia sul rivestimento lapideo degradato del basamento.

MATERIALI UTILIZZATI
Malta cementizia.

LOCALIZZAZIONE

Manto di   Rivestimento   Elementi   Decorazioni Coloritura
protezione   lapideo   a rilievo

TECNICHE UTILIZZATE
Applicazione a mano di malta di cemento. Si rileva ancora la presenza di listelli di legno per regolarne lo spessore.

INTERVENTO DI RECUPERO 2012

STATO DI CONSERVAZIONE
Non sono presenti variazioni rispetto al precedente rilevamento. Si nota un lieve aumento della superficie polverulenta e della profondità degli alveoli.

INTENSITÀ
I fenomeni di degrado appaiono più intensi.

DURATA
L'intervento, nonostante la sua evidente incompatibilità materica, sembra amplificare il degrado presente e manifesta lievi aggravamenti di stato.

EFFETTI
La superficie continua a mantenere un effetto fortemente degradato.
La presenza di elementi lignei fa pensare ad un intervento di ricopertura totale del basamento con malta cementizia.

SCHEDA N. 5-A

CONDIZIONI DI OSSERVAZIONE

TEMPO DI OSSERVAZIONE
20 minuti + tempo di rilievo

CONDIZIONI AL CONTORNO
Cortina muraria continua. Dimensione degli edifici simile.

MODO:

VICINANZA	■
LONTANANZA	□

LUCE	■
OMBRA	□

SOLE	■
NUOVOLOSO	□

PIOGGIA	□
ASCIUTTO	■

FREDDO	■
CALDO	□

LOCALIZZAZIONE

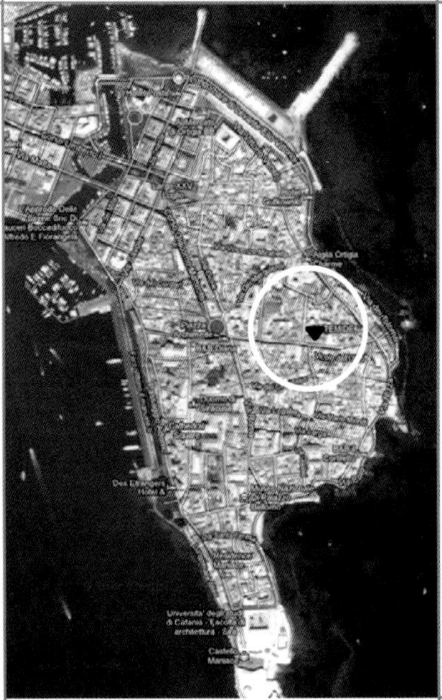

SCHEMA DI FACCIATA

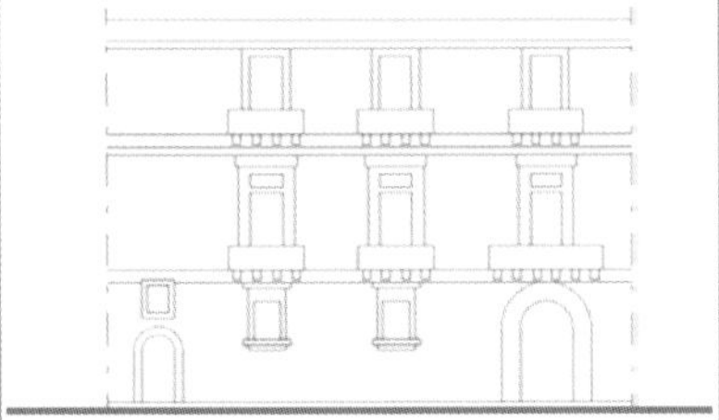

ANAGRAFICA

UBICAZIONE/LOCALIZZAZIONE
Via Maestranza

ELEMENTI DI SUPERFICIE

Manto di protezione: intonaco a calce.

Rivestimento lapideo: assente.

Elementi a rilievo: calcarenite gialla.

Decorazioni: assenti.

Coloritura: assente.

CARATTERI DELLA FACCIATA

Edificio a tre piani composto da quattro campate. Il piano terra presenta due ingressi laterali , l'ingresso principale è posto sul lato destro dell'edificio e costituito da un portale bugnato in pietra. L'edificio non presenta particolari elementi decorativi.

CARATTERI DI CONTESTUALIZZAZIONE

ESPOSIZIONE GEOGRAFICA
Sud-ovest

SOLEGGIAMENTO

Estivo	h. 5 m. 15
Invernale	h. 4 m. 30

POSIZIONE RISPETTO AL MARE
Riparata.
Distanza m. 75.

POSIZIONE RISPETTO AI VENTI
Esposta a venti radenti laterali.

SPAZI ANTISTANTI
Strada di ampiezza limitata, carrabile, mistilinea. Gli edifici adiacenti impediscono parzialmente il soleggiamento.

PRESENZA DI TRAFFICO VEICOLARE

Frequente	■
Discreto	□
Raro	□
Assente	□

CONDIZIONI DI STATO

CONDIZIONI DI STATO 2002

INTERVENTO DI RECUPERO 2012

DEGRADI PRESENTI OGGI
Disgregazione.
Macchia.
Aggiunta di materiale.

DEGRADI PRESENTI NEL 2002
Rigonfiamenti.
Macchie.
Dilavamento.
Polverizzazione.
.

MATERIALI
Pietra: calcarenite bianca, compatta.
Manto di protezione: intonaco cementizio

CARATTERI DELL'INTERVENTO
Sovrapposizione all'intonaco esistente (o a tracce dello stesso) di uno strato di intonaco di livellamento. Non sembra essere prevista la successiva chiusura dell'intonaco con la finitura. Basamento in mattonelle di cemento.

MATERIALI UTILIZZATI
Intonaco cementizio, con inerti lavici e calcarei, a granulometria variabile ma grossa.
Mattonelle di cemento nella parte basamentale.

LOCALIZZAZIONE

Manto di Rivestimento Elementi Decorazioni Coloritura
protezione   lapideo   a rilievo

TECNICHE UTILIZZATE
Applicazione a mano. Finitura ruvida (non lisciato a frattazzo), tipica dello strato di ancoraggio del manto di protezione.

STATO DI CONSERVAZIONE
Non sono presenti variazioni di rilievo rispetto al precedente intervento. Lo strato di livellamento dell'intonaco, lasciato come strato di finitura ha assunto una consistenza più naturale.

INTENSITÀ
I fenomeni di degrado, inizialmente presenti in forma lieve, sono adesso ben visibili e consolidati.

DURATA
L'intervento, nonostante la sua evidente incompatibilità materica, comincia a manifestare problemi di decoesione e polverizzazione.

EFFETTI
Perdita della funzione protettiva dell'intonaco.
La ruvidezza dello strato di ancoraggio è terreno fertile per l'assorbimento dell'acqua piovana e l'attecchimento di degradi.

SCHEDA N. 6-A

CONDIZIONI DI OSSERVAZIONE	LOCALIZZAZIONE	ANAGRAFICA	CARATTERI DI CONTESTUALIZZAZIONE

TEMPO DI OSSERVAZIONE
20 minuti + tempo di rilievo

CONDIZIONI AL CONTORNO
L'edificio religioso svetta sugli altri e la sua cupola è visibile da parecchi scorci.

MODO:
VICINANZA ☐
LONTANANZA ▥

LUCE ▥
OMBRA ☐

SOLE ▥
NUOVOLOSO ☐

PIOGGIA ☐
ASCIUTTO ▥

FREDDO ☐
CALDO ▥

SCHEMA DI FACCIATA

UBICAZIONE/LOCALIZZAZIONE
Lungomare di Ortigia

ELEMENTI DI SUPERFICIE

Manto di protezione: assente.

Rivestimento lapideo: calcarenite bianca.

Elementi a rilievo: calcarenite bianca.

Decorazioni: calcarenite bianca.

Coloritura: assente.

CARATTERI DELLA FACCIATA

La facciata della chiesa è costituita da tre ordini con sei paraste al primo ordine e quattro al secondo con capitelli in stile corinzio. L'ampio portale d'ingresso è affiancato ai lati da due colonne che sorreggono un elegante timpano spezzato. Tutti gli elementi della facciata, sia decorativi che strutturali, sono in pietra.

ESPOSIZIONE GEOGRAFICA
Est

SOLEGGIAMENTO
Estivo   h. 6
Invernale   h. 4 m. 30

POSIZIONE RISPETTO AL MARE
Sul mare.
Distanza m. 5.

POSIZIONE RISPETTO AI VENTI
Esposta a venti radenti e frontali.

SPAZI ANTISTANTI
Strada ampia, carrabile, mistilinea. Gli edifici adiacenti non impediscono il soleggiamento.

PRESENZA DI TRAFFICO VEICOLARE
Frequente ▥
Discreto ☐
Raro ☐
Assente ☐

SCHEDA N. 6-B

CONDIZIONI DI STATO

CONDIZIONI DI STATO 2002

INTERVENTO DI RECUPERO 2012

DEGRADI PRESENTI OGGI
Presenza di vegetazione.
Colatura.
Deposito superficiale.
Macchie.

DEGRADI PRESENTI NEL 2002
Alveolizzazione.
Distacco.
Lacuna.
Efflorescenze.
Macchie.
.

MATERIALI
Pietra: calcarenite bianca, compatta.

CARATTERI DELL'INTERVENTO
Stilatura dei giunti tra i conci lapidei e applicazione di protettivo.

MATERIALI UTILIZZATI
Malta a base di calce e coccio-pesto. Applicazione di un protettivo liquido e fotosensibile.

LOCALIZZAZIONE

    □

Manto di protezione | Rivestimento lapideo | Elementi a rilievo | Decorazioni | Coloritura

TECNICHE UTILIZZATE
Applicazione a mano e a pennello.

STATO DI CONSERVAZIONE
La stilatura è ancora presente tra i giunti e, rispetto al decennio precedente, il protettivo risulta meno visibile, avvicinandosi molto al colore originario dei blocchi di facciata ed attenuando l'alterazione cromatica.

INTENSITÀ
Attenuati i fenomeni di macchia diffusa tra concio e concio, aumentati quelli nell'attacco a terra. Aumentati i fenomeni di presenza di vegetazione.

DURATA
L'intervento risulta in buono stato di conservazione. Non sono visibili manifestazioni che ne possano compromettere la durata.

EFFETTI
L'aspetto della facciata appare migliorato, meno scandito dal protettivo passato.

SCHEDA N. 7-A

CONDIZIONI DI OSSERVAZIONE	LOCALIZZAZIONE	ANAGRAFICA	CARATTERI DI CONTESTUALIZZAZIONE

CONDIZIONI DI OSSERVAZIONE

TEMPO DI OSSERVAZIONE
10 minuti + tempo di rilievo

CONDIZIONI AL CONTORNO
La superficie esterna definisce il perimetro del giardino dell'Arcivescovado.

MODO:
VICINANZA ▰
LONTANANZA ▱

LUCE ▰
OMBRA ▱

SOLE ▰
NUOVOLOSO ▱

PIOGGIA ▱
ASCIUTTO ▰

FREDDO ▰
CALDO ▱

LOCALIZZAZIONE

SCHEMA DI FACCIATA

ANAGRAFICA

UBICAZIONE/LOCALIZZAZIONE
Via Santa Lucia alla Badia

ELEMENTI DI SUPERFICIE

Manto di protezione: intonaco a calce.

Rivestimento lapideo: assente.

Elementi a rilievo: calcarenite gialla.

Decorazioni: assenti.

Coloritura: sui toni del beige/giallo.

CARATTERI DELLA FACCIATA

Cortina muraria di chiusura realizzata in muratura con doppie lesene e cornici in lastre di pietra.

CARATTERI DI CONTESTUALIZZAZIONE

ESPOSIZIONE GEOGRAFICA
Sud

SOLEGGIAMENTO
Estivo   h. 5 m. 40
Invernale   h. 4 m. 10

POSIZIONE RISPETTO AL MARE
Riparata.
Distanza m. 300.

POSIZIONE RISPETTO AI VENTI
Riparata da venti frontali.

SPAZI ANTISTANTI
Strada di ampiezza limitata, pedonale, rettilinea. Gli edifici adiacenti non impediscono il soleggiamento.

PRESENZA DI TRAFFICO VEICOLARE
Frequente   ▱
Discreto   ▱
Raro   ▱
Assente   ▰

SCHEDA N. 7-B

TIPO DI INTERVENTO
Ripristino degli elementi a rilievo del coronamento

TIPO DI INTERVENTO
Ripristino del paramento murario e degli elementi a rilievo

CONDIZIONI DI STATO	CONDIZIONI DI STATO **2002**	INTERVENTO DI RECUPERO **2012**

DEGRADI PRESENTI OGGI
Disgregazione.
Macchie.
Alterazione cromatica.
Presenza di vegetazione.

DEGRADI PRESENTI NEL 2002
Lacune.
Degrado differenziale.
Macchie.
Polverizzazione.
.

MATERIALI
Pietra: calcarenite bianca.
Manto di protezione: intonaco cementizio.

CARATTERI DELL'INTERVENTO
Rincocciatura della cornice mancante con elementi in laterizio e rivestimento in stucco.
Applicazione di malta cementizia a colmare i vuoti.

MATERIALI UTILIZZATI
Mattoni di laterizio. Malta cementizia.

LOCALIZZAZIONE

  ☐ ☐ ☐ ☐

Manto di protezione · Rivestimento lapideo · Elementi a rilievo · Decorazioni · Coloritura

TECNICHE UTILIZZATE
Realizzazione della cornice con mattoni di laterizio, sporgenti dal filo del paramento. Realizzata con malta di cemento e modellata secondo la forma originaria. Inoltre è stata collocata malta cementizia nelle zone maggiormente depresse del paramento.

STATO DI CONSERVAZIONE
Il precedente intervento è stato occultato dalla riconfigurazione del prospetto con malta cementizia, intonaco e tinteggiatura superficiale. Si notano già evidenti segni di degrado e alterazione.

INTENSITÀ
Nessuna.

DURATA
L'intervento, nonostante il suo completamento, presenta dei fenomeni di degrado di una certa importanza che ne rendono l'intervento poco durevole.

EFFETTI
Sono presenti fenomeni diffusi di degrado che ne rendono la superficie esterna invecchiata.

SCHEDA N. 8-A

CONDIZIONI DI OSSERVAZIONE	LOCALIZZAZIONE	ANAGRAFICA	CARATTERI DI CONTESTUALIZZAZIONE

CONDIZIONI DI OSSERVAZIONE

TEMPO DI OSSERVAZIONE
20 minuti + tempo di rilievo

CONDIZIONI AL CONTORNO
Strada stretta con edifici a tre elevazioni. Cortina continua, irregolare.

MODO:
VICINANZA ☐
LONTANANZA ▨

LUCE ☐
OMBRA ▨

SOLE ▨
NUOVOLOSO ☐

PIOGGIA ☐
ASCIUTTO ▨

FREDDO ▨
CALDO ☐

LOCALIZZAZIONE

SCHEMA DI FACCIATA

ANAGRAFICA

UBICAZIONE/LOCALIZZAZIONE
Via Larga

ELEMENTI DI SUPERFICIE

Manto di protezione: intonaco a calce.

Rivestimento lapideo: assente.

Elementi a rilievo: calcarenite bianca e gialla.

Decorazioni: assenti.

Coloritura: sui toni del giallo.

CARATTERI DELLA FACCIATA

Edificio a tre piani è composto da tre campate con ritmo ABA. Al piano terra si trovano due ingressi laterali con archi in pietra a sesto acuto, uno di accesso all'edificio e uno di collegamento ad una corte interna.
Ai piani superiori, nelle campate laterali, si trovano due balconi con mensole in pietra e, nella campata centrale, una finestra per piano.

CARATTERI DI CONTESTUALIZZAZIONE

ESPOSIZIONE GEOGRAFICA
Nord

SOLEGGIAMENTO
Estivo   h. 3 m. 30
Invernale   h. 2 m. 10

POSIZIONE RISPETTO AL MARE
Riparata.
Distanza m. 150.

POSIZIONE RISPETTO AI VENTI
Esposta a venti radenti.

SPAZI ANTISTANTI
Strada di ampiezza molto limitata. In alcuni tratti stretta, carrabile, mistilinea. Gli edifici adiacenti impediscono il soleggiamento.

PRESENZA DI TRAFFICO VEICOLARE
Frequente   ☐
Discreto   ▨
Raro   ☐
Assente   ☐

CONDIZIONI DI STATO

CONDIZIONI DI STATO **2002**

INTERVENTO DI RECUPERO **2012**

DEGRADI PRESENTI OGGI
Distacco.
Macchie.
Patine biologiche.

DEGRADI PRESENTI NEL 2002
Distacco.
Macchie.
Patine biologiche.
.

MATERIALI
Pietra: calcarenite bianca, compatta e gialla.
Manto di protezione: intonaco a calce.

CARATTERI DELL'INTERVENTO
Rifacimento dell'intonaco con rivestimento della parte basamentale in lastre di pietra di Comiso.

MATERIALI UTILIZZATI
Pietra di Comiso.
Intonaco a calce.

LOCALIZZAZIONE

Manto di   Rivestimento   Elementi   Decorazioni   Coloritura
protezione   lapideo   a rilievo

TECNICHE UTILIZZATE
Apposizione di lastre di pietra di Comiso, a corsi orizzontali sovrapposti, come basamento, di spessore non rilevante, applicate non malta al paramento murario.

STATO DI CONSERVAZIONE
A distanza di dieci anni il paramento appare ugualmente umido. Sono presenti, nella zona basamentale in pietra di Comiso, macchie, efflorescenze e disgregazione superficiale.

INTENSITÀ
I fenomeni di degrado sono quasi del tutto similari.

DURATA
In un decennio non ci sono state modificazioni dell'intensità del degrado.

EFFETTI
La facciata si presenta nello stesso stato. Non ci sono state modificazioni nell'aspetto.

SCHEDA N. 9-A

CONDIZIONI DI OSSERVAZIONE	LOCALIZZAZIONE	ANAGRAFICA	CARATTERI DI CONTESTUALIZZAZIONE

CONDIZIONI DI OSSERVAZIONE

TEMPO DI OSSERVAZIONE
20 minuti + tempo di rilievo

CONDIZIONI AL CONTORNO
Edificio imponente che si affaccia sul mare. È posizionato su una strada abbastanza ampia, soleggiata e costituisce un'unica cortina.

MODO:
VICINANZA
LONTANANZA

LUCE
OMBRA

SOLE
NUOVOLOSO

PIOGGIA
ASCIUTTO

FREDDO
CALDO

LOCALIZZAZIONE

SCHEMA DI FACCIATA

ANAGRAFICA

UBICAZIONE/LOCALIZZAZIONE
Lungomare d'Ortigia

ELEMENTI DI SUPERFICIE

Manto di protezione: intonaco a calce.

Rivestimento lapideo: assente.

Elementi a rilievo: calcarenite gialla.

Decorazioni: assenti.

Coloritura: sui toni del giallo.

CARATTERI DELLA FACCIATA

Edificio composto da tre corpi a due elevazioni, nel corpo centrale è collocato il portale d'ingresso in pietra, bugnato, al disopra del quale si trova una cornice marcapiano sorretta da mensole che divide le due elevazioni, inquadrato da due paraste che separano dai corpi laterali nei quali sono presenti otto finestre per lato con stipiti in pietra.

CARATTERI DI CONTESTUALIZZAZIONE

ESPOSIZIONE GEOGRAFICA
Est

SOLEGGIAMENTO
Estivo   h. 6
Invernale   h. 4 m. 30

POSIZIONE RISPETTO AL MARE
Distanza m. 7.

POSIZIONE RISPETTO AI VENTI
Esposta a venti dominanti, frontali e radenti.

SPAZI ANTISTANTI
Strada ampia, carrabile, mistilinea. Prospetta sul mare. Riceve totalmente il soleggiamento estivo e invernale.

PRESENZA DI TRAFFICO VEICOLARE
Frequente
Discreto
Raro
Assente

SCHEDA N. 9-B

CONDIZIONI DI STATO

DEGRADI PRESENTI OGGI
Lacuna.
Macchie.
Degrado differenziale.
Polverizzazione.

DEGRADI PRESENTI NEL 2002
Lacuna.
Macchie.
Degrado differenziale.
Polverizzazione.
.

MATERIALI
Pietra: calcarenite gialla, compatta.
Manto di protezione: intonaco a calce (tracce).

CONDIZIONI DI STATO **2002**

CARATTERI DELL'INTERVENTO
Prove di intonaco con materiali e composizioni diverse. Ne è stata presa in esame una sola.

MATERIALI UTILIZZATI
Intonaco ai silicati con inerti di quarzo, calcare e di origine vulcanica, a granulometria grossa.

LOCALIZZAZIONE

Manto di protezione | Rivestimento lapideo | Elementi a rilievo | Decorazioni | Coloritura

TECNICHE UTILIZZATE
Applicazione manuale di più strati di intonaco su rete antidecoesione e strato di coloritura finale.

INTERVENTO DI RECUPERO **2012**

STATO DI CONSERVAZIONE
Il tempo ha reso irriconoscibile la prova effettuata nel 2000. Si nota la perdita totale della finitura, dello strato di livellamento e parzialmente dello strato di ancoraggio. In alcune parti è possibile vedere il paramento murario sottostante.

INTENSITÀ
Intensità dei fenomeni di degrado elevata.

DURATA
L'intervento è parzialmente visibile. Il tempo ne ha determinato l'inefficacia.

EFFETTI
Mancanza e distacco evidenti.

SCHEDA N. 10-A

CONDIZIONI DI OSSERVAZIONE	LOCALIZZAZIONE	ANAGRAFICA	CARATTERI DI CONTESTUALIZZAZIONE

TEMPO DI OSSERVAZIONE
15 minuti + tempo di rilievo

CONDIZIONI AL CONTORNO
Edificio religioso, utilizzato come aula. La cortina muraria è continua e ne definisce i limiti. La strada è stretta e pedonale.

MODO:
VICINANZA
LONTANANZA

LUCE
OMBRA

SOLE
NUOVOLOSO

PIOGGIA
ASCIUTTO

FREDDO
CALDO

SCHEMA DI FACCIATA

UBICAZIONE/LOCALIZZAZIONE
Via delle Vergini

ELEMENTI DI SUPERFICIE

Manto di protezione: intonaco a calce.

Rivestimento lapideo: assente.

Elementi a rilievo: calcarenite gialla.

Decorazioni: assenti.

Coloritura: sui toni del beide-giallo.

CARATTERI DELLA FACCIATA

Edificio costituito da due livelli fuori terra con portale d'ingresso centrale. Gli elementi d'angolo ed il basamento sono realizzati in pietra.

ESPOSIZIONE GEOGRAFICA
Est

SOLEGGIAMENTO
Estivo   h. 4 m. 50
Invernale   h. 3 m. 15

POSIZIONE RISPETTO AL MARE
Riparata.
Distanza m. 150.

POSIZIONE RISPETTO AI VENTI
Riparata.

SPAZI ANTISTANTI
Strada di ampiezza limitata, pedonale, rettilinea. L'edificio di fronte impedisce parzialmente il soleggiamento.

PRESENZA DI TRAFFICO VEICOLARE
Frequente

Discreto

Raro

Assente

SCHEDA N. 10-B

CONDIZIONI DI STATO

CONDIZIONI DI STATO **2002**

INTERVENTO DI RECUPERO **2012**

DEGRADI PRESENTI OGGI
Alveolizzazione.
Distacco.
Lacuna.
Efflorescenze.
Macchie.

DEGRADI PRESENTI NEL 2002
Lacuna.
Distacco.
Macchia.
Presenza di vegetazione,
Disgregazione.

MATERIALI
Pietra: calcarenite gialla, compatta.
Manto di protezione: intonaco a calce (tracce) e cementizio.

CARATTERI DELL'INTERVENTO
Rincocciatura con fogli di laterizio e reintonacatura.

MATERIALI UTILIZZATI
Elementi in laterizio.
Intonaco cementizio.

LOCALIZZAZIONE

    ☐

Manto di   Rivestimento   Elementi   Decorazioni   Coloritura
protezione   lapideo   a rilievo

TECNICHE UTILIZZATE
L'intervento, volto a riempire il vuoto creato dal degrado, aveva intaccato il paramento murario. Una volta rimosso tutto l'intonaco, sono state applicate delle lamine di laterizio a riempire i vuoti più profondi; sono state poi ricoperte da uno spesso strato di intonaco, applicato su tutta la facciata.

STATO DI CONSERVAZIONE
Lo stato del paramento non ha subito modificazioni ad opera dell'uomo.

INTENSITÀ
Il fenomeno di disgregazione si manifesta con maggiore intensità.

DURATA
In un decennio il paramento ha resistito agli agenti atmosferici. Si nota una decoesione materica in aumento.

EFFETTI
La superficie appare polverulenta. Le lacune sono accentuate.

SCHEDA N. 11-A

CONDIZIONI DI OSSERVAZIONE

TEMPO DI OSSERVAZIONE
20 minuti + tempo di rilievo

CONDIZIONI AL CONTORNO
Superficie che domina la via Larga e la piazza San Giuseppe. La cortina è composta dal solo edificio.

MODO:	
VICINANZA	■
LONTANANZA	□
LUCE	■
OMBRA	□
SOLE	■
NUVOLOSO	□
PIOGGIA	□
ASCIUTTO	■
FREDDO	■
CALDO	□

LOCALIZZAZIONE

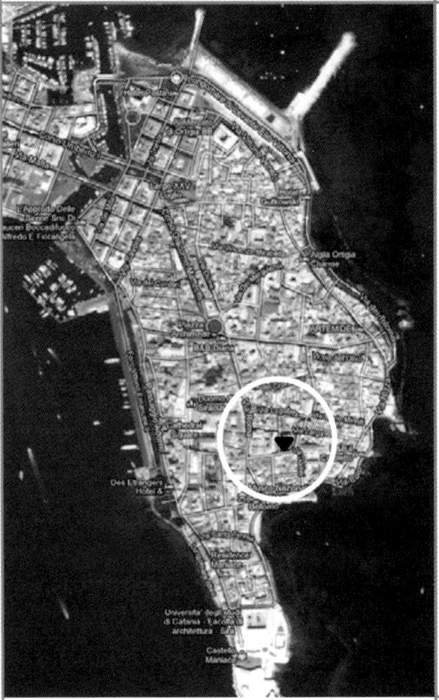

SCHEMA DI FACCIATA

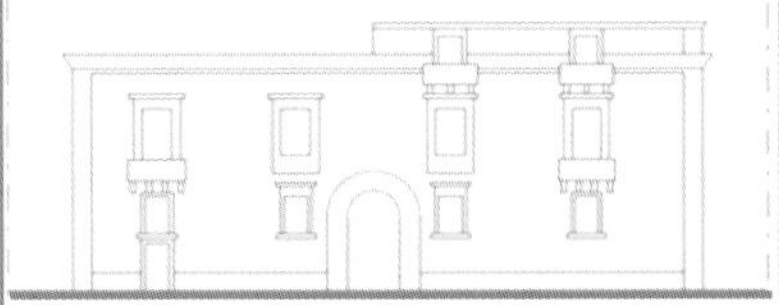

ANAGRAFICA

UBICAZIONE/LOCALIZZAZIONE
Piazza San Giuseppe

ELEMENTI DI SUPERFICIE

Manto di protezione: intonaco a calce.

Rivestimento lapideo: calcarenite gialla.

Elementi a rilievo: calcarenite gialla.

Decorazioni: assenti.

Coloritura: sui toni del beige-rosato.

CARATTERI DELLA FACCIATA

Edificio a tre piani composto da quattro campate. Il piano terra presenta un ingresso principale, costituito da un portale bugnato in pietra, posto al centro di quattro finestre che costituiscono le aperture del piano terra. Al piano superiore si trovano altre quattro finestre di maggiore dimensione, non sono presenti balconi in aggetto. L'ultimo piano è stato realizzato parzialmente e presenta solo due piccoli balconi.

CARATTERI DI CONTESTUALIZZAZIONE

ESPOSIZIONE GEOGRAFICA
Ovest

SOLEGGIAMENTO
Estivo h. 5 m. 40
Invernale h. 3 m. 50

POSIZIONE RISPETTO AL MARE
Riparata.
Distanza m. 200.

POSIZIONE RISPETTO AI VENTI
Riparata da venti frontali. Esposta a venti radenti e vorticosi in corrispondenza della piazza.

SPAZI ANTISTANTI
Largo limitata, carrabile. Il volume della chiesa limita parzialmente il soleggiamento.

PRESENZA DI TRAFFICO VEICOLARE	
Frequente	□
Discreto	■
Raro	□
Assente	□

SCHEDA N. 11-B

CONDIZIONI DI STATO

CONDIZIONI DI STATO 2002

INTERVENTO DI RECUPERO 2012

DEGRADI PRESENTI OGGI
Distacco.
Lacuna.
Efflorescenze.
Macchie.

DEGRADI PRESENTI NEL 2002
Patina biologica.
Lacuna.
Distacco.
Macchie.
Alveolizzazione

MATERIALI
Pietra: calcarenite bianca, compatta.
Manto di protezione: intonaco cementizio.

CARATTERI DELL'INTERVENTO
Rivestimento della fascia basamentale con mattonelle di cemento.

MATERIALI UTILIZZATI
Mattonelle di cemento.

LOCALIZZAZIONE

Manto di Rivestimento Elementi Decorazioni Coloritura
protezione   lapideo   a rilievo

TECNICHE UTILIZZATE
Applicazione a mano.

STATO DI CONSERVAZIONE
Il precedente intervento non è più visibile, il rivestimento applicato è stato sostituito con lastre di pietra ed è stato applicato un nuovo strato di intonaco come finitura. L'intonaco appare già distaccato e pieno di lacune. Si rilevano macchie.

INTENSITÀ
I fenomeni sono di discreta intensità, in particolare le macchie e i distacchi.

DURATA
L'intervento è stato effettuato alcuni anni fa, quattro, e in questo breve lasso di tempo si sono manifestati fenomeni di deterioramento che ne hanno compromesso lo stato.

EFFETTI
Ripristino parziale delle caratteristiche formali. Lacune e macchie sono effetti dell'intervento che non ha eliminato il fronte di risalita.

SCHEDA N. 12-A

CONDIZIONI DI OSSERVAZIONE	LOCALIZZAZIONE	ANAGRAFICA	CARATTERI DI CONTESTUALIZZAZIONE

CONDIZIONI DI OSSERVAZIONE

TEMPO DI OSSERVAZIONE
25 minuti + tempo di rilievo

CONDIZIONI AL CONTORNO
Cortina ben definita e abbastanza omogenea. Superficie ben soleggiata e ventilata. Gli edifici di fronte non limitano il soleggiamento.

MODO:
VICINANZA ▪
LONTANANZA ▫

LUCE ▪
OMBRA ▫

SOLE ▪
NUOVOLOSO ▫

PIOGGIA ▫
ASCIUTTO ▪

FREDDO ▫
CALDO ▪

LOCALIZZAZIONE

SCHEMA DI FACCIATA

ANAGRAFICA

UBICAZIONE/LOCALIZZAZIONE
Via Vittorio Veneto

ELEMENTI DI SUPERFICIE

Manto di protezione: intonaco a calce.

Rivestimento lapideo: assente.

Elementi a rilievo: calcarenite gialla.

Decorazioni: assenti.

Coloritura: sui toni del giallo.

CARATTERI DELLA FACCIATA

L'edificio presenta due corpi di fabbrica, uno a tre elevazioni ed uno incompleto a due. Composto da nove campate con ritmo AAA, presenta un portale d'ingresso al centro e balconi in aggetto ai piani superiori. Non ci sono particolari elementi decorativi.

CARATTERI DI CONTESTUALIZZAZIONE

ESPOSIZIONE GEOGRAFICA
Nord-est

SOLEGGIAMENTO
Estivo   h. 6
Invernale   h. 4 m. 30

POSIZIONE RISPETTO AL MARE
Parzialmente riparata.
Distanza m. 15.

POSIZIONE RISPETTO AI VENTI
Esposta a venti radenti e frontali.

SPAZI ANTISTANTI
Strada ampia, carrabile, mistilinea. Gli edifici adiacenti non impediscono il soleggiamento.

PRESENZA DI TRAFFICO VEICOLARE
Frequente   ▫
Discreto   ▪
Raro   ▫
Assente   ▫

CONDIZIONI DI STATO

CONDIZIONI DI STATO **2002**

INTERVENTO DI RECUPERO **2012**

DEGRADI PRESENTI OGGI
Polverizzazione.
Rigonfiamento.
Lacuna.
Esfoliazione.
Distacco.

DEGRADI PRESENTI NEL 2002
Polverizzazione.
Rigonfiamento.
Lacuna.
Esfoliazione.
Distacco.

MATERIALI
Pietra: calcarenite gialla, compatta.
Manto di protezione: intonaco cementizio.

CARATTERI DELL'INTERVENTO
Rivestimento degli elementi in pietra con una vernice non traspirante.

MATERIALI UTILIZZATI
Vernice non resistente al calore, color cemento, non traspirante, filmogena.

LOCALIZZAZIONE

Manto di protezione / Rivestimento lapideo / Elementi a rilievo / Decorazioni / Coloritura

TECNICHE UTILIZZATE
Applicazione a pennello.

STATO DI CONSERVAZIONE
L'intervento è purtroppo ancora visibile e la sua presenza ha notevolmente disgregato la pietra sottostante. Si notano ampie zone in cui la pietra si è digregata portando con sé il prodotto di rivestimento.

INTENSITÀ
L'intensità dei fenomeni di degrado è decisamente peggiorata. Gli elementi lapidei sottostanti sono palesemente erosi e polverizzati.

DURATA
L'intervento ha avuto una durata limitata nel tempo e appare in pessimo stato di conservazione.

EFFETTI
Disgregazione, erosione, esfoliazione, lacune.

SCHEDA N. 13-A

CONDIZIONI DI OSSERVAZIONE	LOCALIZZAZIONE	ANAGRAFICA	CARATTERI DI CONTESTUALIZZAZIONE

TEMPO DI OSSERVAZIONE
20 minuti + tempo di rilievo

CONDIZIONI AL CONTORNO
Cortina muraria continua. Traffico pedonale. Edifici di similari dimensioni..

MODO:
VICINANZA
LONTANANZA

LUCE
OMBRA

SOLE
NUOVOLOSO

PIOGGIA
ASCIUTTO

FREDDO
CALDO

SCHEMA DI FACCIATA

UBICAZIONE/LOCALIZZAZIONE
Via Amalfitania

ELEMENTI DI SUPERFICIE

Manto di protezione: intonaco a calce.

Rivestimento lapideo: assente.

Elementi a rilievo: calcarenite gialla.

Decorazioni: assenti.

Coloritura: sui toni del giallo.

CARATTERI DELLA FACCIATA

Edificio a tre piani più piano ammezzato composto da tre campate ABA. Il piano terra presenta due ingressi laterali, l'ingresso principale è costituito da un imponente portale bugnato in pietra. L'edificio non presenta particolari elementi decorativi.

ESPOSIZIONE GEOGRAFICA
Nord

SOLEGGIAMENTO
Estivo   h. 4 m. 30
Invernale   h. 2 m. 30

POSIZIONE RISPETTO AL MARE
Parzialmente riparata.
Distanza m. 130.

POSIZIONE RISPETTO AI VENTI
Esposta a venti radenti.

SPAZI ANTISTANTI
Strada di ampiezza limitata, raramente attraversata da auto, rettilinea. Gli edifici adiacenti impediscono il soleggiamento.

PRESENZA DI TRAFFICO VEICOLARE
Frequente

Discreto

Raro

Assente

SCHEDA N. 13-B

CONDIZIONI DI STATO

CONDIZIONI DI STATO **2002**

INTERVENTO DI RECUPERO **2012**

DEGRADI PRESENTI OGGI
Fronte di risalita.
Lacuna.

DEGRADI PRESENTI NEL 2002
Fronte di risalita.

MATERIALI
Pietra: calcarenite gialla, compatta.
Manto di protezione: intonaco cementizio.

CARATTERI DELL'INTERVENTO
Rimozione dell'intonaco e posizionamento di uno strato di intonaco comprendente l'ancoraggio e il livellamento.

MATERIALI UTILIZZATI
Intonaco cementizio.

LOCALIZZAZIONE

Manto di Rivestimento Elementi Decorazioni Coloritura
protezione lapideo a rilievo

TECNICHE UTILIZZATE
Applicato a mano, non lisciato a frattazzo.

STATO DI CONSERVAZIONE
Non sono presenti variazioni di rilievo rispetto al precedente intervento se non l'amplificarsi dei fenomeni di macchia intorno al portale di ingresso.

INTENSITÀ
Lievemente aumentata l'intensità dei fenomeni.

DURATA
L'intervento è ancora in essere.

EFFETTI
La finitura ruvida e il colore grigio danno alla superficie un senso di incompletezza. La superficie inoltre presenta un fronte di risalita più evidente.

SCHEDA N. 14-A

CONDIZIONI DI OSSERVAZIONE	LOCALIZZAZIONE	ANAGRAFICA	CARATTERI DI CONTESTUALIZZAZIONE

CONDIZIONI DI OSSERVAZIONE

TEMPO DI OSSERVAZIONE
20 minuti + tempo di rilievo

CONDIZIONI AL CONTORNO
Cortina uniforme, ripulita, a due elevazioni. Strada di dimensioni limitate.

MODO:
VICINANZA
LONTANANZA

LUCE
OMBRA

SOLE
NUOVOLOSO

PIOGGIA
ASCIUTTO

FREDDO
CALDO

LOCALIZZAZIONE

SCHEMA DI FACCIATA

ANAGRAFICA

UBICAZIONE/LOCALIZZAZIONE
Via Larga

ELEMENTI DI SUPERFICIE

Manto di protezione: intonaco cementizio.

Rivestimento lapideo: assente.

Elementi a rilievo: calcarenite gialla.

Decorazioni: calcarenite gialla.

Coloritura: sui toni del giallo.

CARATTERI DELLA FACCIATA

Edificio con doppia esposizione composto da due piani. Al piano terra si trovano due aperture realizzate in conci di pietra bianca con due finestre ovali ai lati. Il piano superiore presenta una balconata unica sorretta da mensole in pietra lavorata.

CARATTERI DI CONTESTUALIZZAZIONE

ESPOSIZIONE GEOGRAFICA
Sud-ovest

SOLEGGIAMENTO
Estivo   h. 6
Invernale   h. 4 m. 30

POSIZIONE RISPETTO AL MARE
Riparata.
Distanza m. 15.

POSIZIONE RISPETTO AI VENTI
Esposta a radenti laterali.

SPAZI ANTISTANTI
Strada di ampiezza limitata, carrabile, mistilinea. Gli edifici adiacenti non impediscono il soleggiamento.

PRESENZA DI TRAFFICO VEICOLARE
Frequente

Discreto

Raro

Assente

SCHEDA N. 14-B

CONDIZIONI DI STATO

CONDIZIONI DI STATO **2002**

INTERVENTO DI RECUPERO **2012**

DEGRADI PRESENTI OGGI
Fronte di risalita.
Efflorescenze.
Distacco.
Macchia.

DEGRADI PRESENTI NEL 2002
Fronte di risalita.
Lacuna.
Distacco.
Macchia.
Efflorescenze.

MATERIALI
Pietra: calcarenite bianca, compatta.
Manto di protezione: intonaco cementizio.

CARATTERI DELL'INTERVENTO
Formazione di un rivestimento basamentale in materiale lapideo e rifacimento dell'intonaco.

MATERIALI UTILIZZATI
Pietra di Comiso.
Intonaco cementizio.

LOCALIZZAZIONE

   ☐ ☐

Manto di   Rivestimento   Elementi   Decorazioni Coloritura
protezione   lapideo   a rilievo

TECNICHE UTILIZZATE
Si tratta dell'apposizione di lastre di pietra bianca come basamento, di spessore non rilevante, applicate non malta al paramento murario. L'intonaco e la coloritura sono stati posti in opera dopo.

STATO DI CONSERVAZIONE
Peggioramento delle condizioni di stato e dei fenomeni di degrado. La presenza di efflorescenze dimostra come il processo sia innescato dall'interno.

INTENSITÀ
In sensibile aumento.

DURATA
La durata dell'intervento è compromessa. I fenomeni di degrado sono importanti e stanno compromettendo l'aspetto ella superficie.

EFFETTI
Sono presenti ampie lacune di intonaco, è visibile un imponente fronte di risalita, la pietra del basamento è fortemente degradata da disgregazione superficiale, macchie ed efflorescenze.

SCHEDA N. 15-A

CONDIZIONI DI OSSERVAZIONE	LOCALIZZAZIONE	ANAGRAFICA	CARATTERI DI CONTESTUALIZZAZIONE

CONDIZIONI DI OSSERVAZIONE

TEMPO DI OSSERVAZIONE
15 minuti + tempo di rilievo

CONDIZIONI AL CONTORNO
La cortina è continua. Gli edifici adiacenti presentano elevazioni maggiori. La superficie esterna si apre parzialmente su una piazza..

MODO:
VICINANZA
LONTANANZA

LUCE
OMBRA

SOLE
NUOVOLOSO

PIOGGIA
ASCIUTTO

FREDDO
CALDO

LOCALIZZAZIONE

SCHEMA DI FACCIATA

ANAGRAFICA

UBICAZIONE/LOCALIZZAZIONE
Via Larga

ELEMENTI DI SUPERFICIE

Manto di protezione: intonaco a calce.

Rivestimento lapideo: calcarenite gialla.

Elementi a rilievo: calcarenite gialla.

Decorazioni: assenti.

Coloritura: giallo limone.

CARATTERI DELLA FACCIATA

Edificio composto da tre piani. La parte inferiore è costituita da blocchi di pietra squadrati e lasciati parzialmente a vista. Il piano primo presenta una balconata unica in pietra sorretta da mensole decorate. Al secondo piano si trovano due balconi in aggetto sorretti da mensole anch'esse decorate.

CARATTERI DI CONTESTUALIZZAZIONE

ESPOSIZIONE GEOGRAFICA
Nord

SOLEGGIAMENTO
Estivo   h. 3
Invernale   h. 1 m. 50

POSIZIONE RISPETTO AL MARE
Parzialmente riparata.
Distanza m. 100.

POSIZIONE RISPETTO AI VENTI
Esposta a rari venti radenti laterali.

SPAZI ANTISTANTI
Strada di ampiezza limitata, carrabile, mistilinea. Gli edifici adiacenti impediscono il soleggiamento.

PRESENZA DI TRAFFICO VEICOLARE
Frequente

Discreto

Raro

Assente

SCHEDA N. 15-B

CONDIZIONI DI STATO

CONDIZIONI DI STATO 2002

INTERVENTO DI RECUPERO 2012

DEGRADI PRESENTI OGGI
Alveolizzazione.
Alterazione cromatica.
Efflorescenze.
Macchie.
Deposito superficiale.

DEGRADI PRESENTI NEL 2002
Alveolizzazione.
Macchie.
Efflorescenze.
Colature.

MATERIALI
Pietra: calcarenite gialla compatta, calcarenite gialla porosa.
Manto di protezione: intonaco a calce (tracce).

CARATTERI DELL'INTERVENTO
Recupero del paramento lapideo e rifacimento parziale dell'intonaco.

MATERIALI UTILIZZATI
Intonaco a coccio pesto e con uno strato di finitura colorato.

LOCALIZZAZIONE

   ☐

Manto di protezione | Rivestimento lapideo | Elementi a rilievo | Decorazioni | Coloritura

TECNICHE UTILIZZATE
Inserimento di conci di pietra di colore diverso ma con caratteristiche meccaniche simili, sottosquadro. Pulitura con microsabbiatura leggera. Le zone del paramento lapideo non visibili o particolarmente deteriorate sono state rivestite.

STATO DI CONSERVAZIONE
L'intervento è in buono stato di conservazione. Solo la pietra del paramento lapideo risulta notevolmente alveolizzata. Si notano inoltre tracce di colature. La pietra di integrazione invece è in perfetto stato di conservazione

INTENSITÀ
I fenomeni di degrado sono di intensità lieve essendo appena innescati.

DURATA
L'intervento presenta carenze qualitative lievi nel tempo.

EFFETTI
Alveolizzazione e disgregazione superficiale. Lievi fenomeni di distacco dell'intonaco inserito nel precedente intervento.

SCHEDA N. 16-A

CONDIZIONI DI OSSERVAZIONE	LOCALIZZAZIONE	ANAGRAFICA	CARATTERI DI CONTESTUALIZZAZIONE

CONDIZIONI DI OSSERVAZIONE

TEMPO DI OSSERVAZIONE
15 minuti + tempo di rilievo

CONDIZIONI AL CONTORNO
Zona particolarmente ventilata e vicina al mare. Edificio ben soleggiato.

MODO:
VICINANZA
LONTANANZA

LUCE
OMBRA

SOLE
NUOVOLOSO

PIOGGIA
ASCIUTTO

FREDDO
CALDO

LOCALIZZAZIONE

SCHEMA DI FACCIATA

ANAGRAFICA

UBICAZIONE/LOCALIZZAZIONE
Via delle Sirene

ELEMENTI DI SUPERFICIE

Manto di protezione: intonaco cementizio.

Rivestimento lapideo: assente.

Elementi a rilievo: calcarenite gialla.

Decorazioni: assenti.

Coloritura: sui toni del giallo.

CARATTERI DELLA FACCIATA

Edificio composto da due piani con tetto a doppia falda. Al piano terra sono presenti due ingressi con stipiti in pietra. Non sono presenti elementi decorativi.

CARATTERI DI CONTESTUALIZZAZIONE

ESPOSIZIONE GEOGRAFICA
Sud

SOLEGGIAMENTO
Estivo   h. 6
Invernale   h. 4 m. 30

POSIZIONE RISPETTO AL MARE
Riparata.
Distanza m. 15.

POSIZIONE RISPETTO AI VENTI
Esposta a venti frontali e radenti.

SPAZI ANTISTANTI
Strada di ampiezza limitata, carrabile, mistilinea. Gli edifici adiacenti non impediscono il soleggiamento.

PRESENZA DI TRAFFICO VEICOLARE
Frequente

Discreto

Raro

Assente

SCHEDA N. 16-B

CONDIZIONI DI STATO

CONDIZIONI DI STATO **2002**

INTERVENTO DI RECUPERO **2012**

DEGRADI PRESENTI OGGI
Fessurazioni (da ritiro).
Macchie.
Colatura.

DEGRADI PRESENTI NEL 2002
Fessurazioni (da ritiro).
Macchie.
Colatura.

MATERIALI
Pietra: calcarenite bianca, compatta.
Manto di protezione: intonaco cementizio.

CARATTERI DELL'INTERVENTO
Applicazione di un nuovo intonaco su una parte degradata. Rivestimento del basamento con lastre di pietra di Comiso.

MATERIALI UTILIZZATI
Intonaco a base cementizia.
Lastre di pietra di Comiso.

LOCALIZZAZIONE

☐	☐	☐	☐	☐
Manto di protezione	Rivestimento lapideo	Elementi a rilievo	Decorazioni	Coloritura

TECNICHE UTILIZZATE
Applicazione a mano di intonaco cementizio su intonaco degradato.

STATO DI CONSERVAZIONE
In un decennio non è stato effettuato alcun intervento. Le integrazioni con intonaco cementizio appaiono superficialmente disgregate, con la superficie più ruvida .

INTENSITÀ
I fenomeni si sono amplificati e hanno condotto ad un deterioramento visibile del paramento e del basamento.

DURATA
Il tempo ha determinato un peggioramento delle condizioni di stato e dello stato di conservazione degli elementi tecnici e dei dispositivi. La durata è stata limitata.

EFFETTI
Perdite di materiale si notano nella zona mediana dell'intervento. La zona basamentale invece è contraddistinta da macchie di una certa intensità.

SCHEDA N. 17-A

CONDIZIONI DI OSSERVAZIONE	LOCALIZZAZIONE	ANAGRAFICA	CARATTERI DI CONTESTUALIZZAZIONE

CONDIZIONI DI OSSERVAZIONE

TEMPO DI OSSERVAZIONE
20 minuti + tempo di rilievo

CONDIZIONI AL CONTORNO
Cortina continua ed eterogenea. Strada di ampiezza variabile, soleggiata e ventilata.

MODO:
VICINANZA
LONTANANZA

LUCE
OMBRA

SOLE
NUVOLOSO

PIOGGIA
ASCIUTTO

FREDDO
CALDO

LOCALIZZAZIONE

SCHEMA DI FACCIATA

ANAGRAFICA

UBICAZIONE/LOCALIZZAZIONE
Via Vittorio Veneto

ELEMENTI DI SUPERFICIE

Manto di protezione: intonaco cementizio.

Rivestimento lapideo: assente.

Elementi a rilievo: calcarenite gialla.

Decorazioni: assenti.

Coloritura: sui toni del giallo.

CARATTERI DELLA FACCIATA

Edificio a tre piani e tre campate, con ritmo ABA, con basamento ed elementi d'angolo in pietra. Al piano terra si trova un portale d'ingresso centrale bugnato in pietra con numerosi elementi decorativi.

CARATTERI DI CONTESTUALIZZAZIONE

ESPOSIZIONE GEOGRAFICA
Sud

SOLEGGIAMENTO
Estivo   h. 6
Invernale   h. 4 m. 30

POSIZIONE RISPETTO AL MARE
Riparata.
Distanza m. 15.

POSIZIONE RISPETTO AI VENTI
Esposta a venti frontali e radenti.

SPAZI ANTISTANTI
Strada di ampiezza limitata, carrabile, mistilinea. Gli edifici adiacenti non impediscono il soleggiamento.

PRESENZA DI TRAFFICO VEICOLARE
Frequente

Discreto

Raro

Assente

SCHEDA N. 17-B

CONDIZIONI DI STATO

CONDIZIONI DI STATO **2002**

INTERVENTO DI RECUPERO **2012**

DEGRADI PRESENTI OGGI
Fronte di risalita.

DEGRADI PRESENTI NEL 2002
Lacuna.
Degrado differenziale (Flos tectorii).
Aggiunta di materiale.
Erosione.

MATERIALI
Pietra: calcarenite bianca, compatta.
Manto di protezione: intonaco cementizio.

CARATTERI DELL'INTERVENTO
L'intervento ha previsto il rifacimento dell'intonaco e l'eliminazione di strutture di illuminazione.

MATERIALI UTILIZZATI
Intonaco cementizio, a finitura colorata, con inerti calcarei grossi.

LOCALIZZAZIONE

■ Manto di protezione □ Rivestimento lapideo ■ Elementi a rilievo □ Decorazioni □ Coloritura

TECNICHE UTILIZZATE
Rimozione degli elementi dalla facciata (elementi illuminanti).
Applicazione manuale del nuovo intonaco.

STATO DI CONSERVAZIONE
Il precedente intervento non è più visibile poiché lo strato di intonaco applicato è stato presumibilmente asportato e sostituito da un nuovo intonaco.

INTENSITÀ
Nessuna.

DURATA
L'intervento, dopo alcuni anni, risulta ancora in ottimo stato.

EFFETTI
Non sono presenti degradi apparenti, se non un leggero fronte di risalita.

SCHEDA N. 18-A

CONDIZIONI DI OSSERVAZIONE	LOCALIZZAZIONE	ANAGRAFICA	CARATTERI DI CONTESTUALIZZAZIONE

CONDIZIONI DI OSSERVAZIONE

TEMPO DI OSSERVAZIONE
25 minuti + tempo di rilievo

CONDIZIONI AL CONTORNO
Zona interna. Strada secondaria. Cortina continua, omogenea.

MODO:
VICINANZA
LONTANANZA

LUCE
OMBRA

SOLE
NUVOLOSO

PIOGGIA
ASCIUTTO

FREDDO
CALDO

LOCALIZZAZIONE

SCHEMA DI FACCIATA

ANAGRAFICA

UBICAZIONE/LOCALIZZAZIONE
Via Logoteta

ELEMENTI DI SUPERFICIE

Manto di protezione: intonaco cementizio.

Rivestimento lapideo: assente.

Elementi a rilievo: calcarenite gialla.

Decorazioni: assenti.

Coloritura: sui toni del giallo.

CARATTERI DELLA FACCIATA

Edificio a tre piani composto da tre campate con ritmo ABA. Il piano terra presenta tre aperture con ingresso principale al centro. Ai piani superiori si trovano tre aperture per piano. L'edificio non presenta particolari elementi decorativi.

CARATTERI DI CONTESTUALIZZAZIONE

ESPOSIZIONE GEOGRAFICA
Nord

SOLEGGIAMENTO
Estivo   h. 4 m. 50
Invernale   h. 2 m. 30

POSIZIONE RISPETTO AL MARE
Riparata.
Distanza m. 250.

POSIZIONE RISPETTO AI VENTI
Riparata.

SPAZI ANTISTANTI
Strada di ampiezza limitata, carrabile ma raramente transitata, mistilinea. Gli edifici adiacenti impediscono il soleggiamento.

PRESENZA DI TRAFFICO VEICOLARE
Frequente

Discreto

Raro

Assente

SCHEDA N. 18-B

CONDIZIONI DI STATO

CONDIZIONI DI STATO 2002

INTERVENTO DI RECUPERO 2012

DEGRADI PRESENTI OGGI
Patina biologica.
Fronte di risalita.
Macchia.
Deposito superficiale.
Efflorescenza.

DEGRADI PRESENTI NEL 2002
Fronte di risalita.
Efflorescenze.

MATERIALI
Pietra: calcarenite bianca, compatta.
Manto di protezione: intonaco cementizio.

CARATTERI DELL'INTERVENTO
Formazione di un rivestimento basamentale in materiale lapideo di Comiso, rifacimento del manto di protezione, sostituzione degli elementi a rilievo.

MATERIALI UTILIZZATI
Pietra di Comiso.
Intonaco cementizio.

LOCALIZZAZIONE

   ☐ ☐

Manto di Rivestimento Elementi Decorazioni Coloritura
protezione lapideo a rilievo

TECNICHE UTILIZZATE
Apposizione di lastre di pietra di Comiso come basamento, di spessore non rilevante, applicate non malta al paramento murario. L'intonaco e la coloritura sono stati posti in opera dopo.

STATO DI CONSERVAZIONE
Limitati fenomeni di fronte di risalita, con presenza di patina biologica e macchie. La pietra del portale appare, nell'attacco a terra, macchiata, alterata nel coloro e ricoperta di efflorescenze.

INTENSITÀ
I fenomeni si sono amplificati notevolmente.

DURATA
Il fronte di risalita si è manifestato due anni dopo il completamento dell'intervento.

EFFETTI
Sono presenti ampie zone di distacco dell'intonaco ed è evidente un fronte di risalita con macchi e patina biologica di una certa entità.

SCHEDA N. 19-A

CONDIZIONI DI OSSERVAZIONE	LOCALIZZAZIONE	ANAGRAFICA	CARATTERI DI CONTESTUALIZZAZIONE

TEMPO DI OSSERVAZIONE
10 minuti + tempo di rilievo

CONDIZIONI AL CONTORNO
Zona particolarmente ventilata e vicina al mare. Edificio ben soleggiato. In zona pedonale.

MODO:
VICINANZA ▣
LONTANANZA ☐

LUCE ▣
OMBRA ☐

SOLE ▣
NUOVOLOSO ☐

PIOGGIA ☐
ASCIUTTO ▣

FREDDO ☐
CALDO ▣

SCHEMA DI FACCIATA

UBICAZIONE/LOCALIZZAZIONE
Lungomare Alfeo

ELEMENTI DI SUPERFICIE

Manto di protezione: intonaco a calce.

Rivestimento lapideo: assente.

Elementi a rilievo: calcarenite gialla.

Decorazioni: assenti.

Coloritura: sui toni del beige.

CARATTERI DELLA FACCIATA

Cortina muraria di chiusura con elementi d'angolo realizzati in blocchi di pietra squadrata, cornice sommitale con gocciolatoio e basamento, di nuova configurazione, con lastre di pietra di Comiso.

ESPOSIZIONE GEOGRAFICA
Est

SOLEGGIAMENTO
Estivo   h. 6
Invernale   h. 4 m. 30

POSIZIONE RISPETTO AL MARE
Esposta.
Distanza m. 2.

POSIZIONE RISPETTO AI VENTI
Esposta a venti frontali e radenti.

SPAZI ANTISTANTI
Superficie sul mare, esposta a forte ventilazione e a soleggiamento. Non ci sono edifici nelle vicinanze.

PRESENZA DI TRAFFICO VEICOLARE
Frequente ☐
Discreto ☐
Raro ☐
Assente ▣

SCHEDA N. 19-B

CONDIZIONI DI STATO

CONDIZIONI DI STATO **2002**

INTERVENTO DI RECUPERO **2012**

DEGRADI PRESENTI OGGI
Macchie.
Patina biologica.
Polverizzazione.
Alterazione cromatica.

DEGRADI PRESENTI NEL 2002
Macchie.
Patina biologica.
Polverizzazione.
Alterazione cromatica.

MATERIALI
Pietra: calcarenite gialla, compatta.
Manto di protezione: intonaco cementizio.

CARATTERI DELL'INTERVENTO
Applicazione di intonaco sovrapposto all'originario. Spessore eccessivo. La pietra del cantonale risulta infatti sottosquadro rispetto alla malta.

MATERIALI UTILIZZATI
Malta cementizia (cemento, acqua e sabbia locale) con inerti di granulometria fine.

LOCALIZZAZIONE

 ☐ ☐ ☐ ☐

Manto di Rivestimento Elementi Decorazioni Coloritura
protezione lapideo   a rilievo

TECNICHE UTILIZZATE
Applicazione manuale.

STATO DI CONSERVAZIONE
Non sono presenti variazioni di rilievo rispetto al precedente intervento.

INTENSITÀ
I fenomeni di degrado non presentano intensità differenti. È pressoché invariata.

DURATA
L'intervento, nonostante la sua evidente incompatibilità materica, preserva il sottostrato murario dalle infiltrazioni.

EFFETTI
Perdita della composizione materica del paramento.

CONDIZIONI DI OSSERVAZIONE	LOCALIZZAZIONE	ANAGRAFICA	CARATTERI DI CONTESTUALIZZAZIONE

CONDIZIONI DI OSSERVAZIONE

TEMPO DI OSSERVAZIONE
20 minuti + tempo di rilievo

CONDIZIONI AL CONTORNO
Zona interna che conduce al mare, per cui esposta a ventilazione radente. Edificio poco soleggiato a causa della dimensione limitata della sede stradale e dell'altezza degli edifici di fronte.

MODO:
VICINANZA
LONTANANZA

LUCE
OMBRA

SOLE
NUOVOLOSO

PIOGGIA
ASCIUTTO

FREDDO
CALDO

LOCALIZZAZIONE

SCHEMA DI FACCIATA

ANAGRAFICA

UBICAZIONE/LOCALIZZAZIONE
Via Mirabella

ELEMENTI DI SUPERFICIE

Manto di protezione: intonaco cementizio.

Rivestimento lapideo: assente.

Elementi a rilievo: calcarenite gialla.

Decorazioni: assenti.

Coloritura: sui toni del giallo.

CARATTERI DELLA FACCIATA

Edificio di tre piani fuori terra e tre campate con portale d'ingresso centrale in pietra, l'edificio non presenta elementi decorativi di rilievo.

CARATTERI DI CONTESTUALIZZAZIONE

ESPOSIZIONE GEOGRAFICA
Sud

SOLEGGIAMENTO
Estivo   h. 5
Invernale   h. 3 m. 50

POSIZIONE RISPETTO AL MARE
Riparata.
Distanza m. 300.

POSIZIONE RISPETTO AI VENTI
Riparata.

SPAZI ANTISTANTI
Strada di ampiezza limitata, carrabile, mistilinea. Gli edifici adiacenti impediscono parzialmente il soleggiamento.

PRESENZA DI TRAFFICO VEICOLARE
Frequente

Discreto

Raro

Assente

SCHEDA N. 20-B

CONDIZIONI DI STATO

CONDIZIONI DI STATO **2002**

INTERVENTO DI RECUPERO **2012**

DEGRADI PRESENTI OGGI
Alterazione cromatica.
Efflorescenze.

DEGRADI PRESENTI NEL 2002
Erosione.
Lacuna.
Degrado differenziale (flos tectorii).

MATERIALI
Pietra: calcarenite gialla, compatta.
Manto di protezione: intonaco cementizio.

CARATTERI DELL'INTERVENTO
Rifacimento parziale dell'intonaco.

MATERIALI UTILIZZATI
Intonaco a base cementizia, con inerti vulcanici e calcarei.

LOCALIZZAZIONE

			☐	
Manto di protezione	Rivestimento lapideo	Elementi a rilievo	Decorazioni	Coloritura

TECNICHE UTILIZZATE
È stato rimosso la parte ammalorata, probabilmente erosa dall'umidità, ed è stato collocato un nuovo intonaco.

STATO DI CONSERVAZIONE
Il precedente intervento non è più visibile poiché lo strato di intonaco applicato è stato presumibilmente integrato e completato manca una coloritura finale. Si notano integrazioni ed efflorescenze.

INTENSITÀ
I fenomeni sono appena innescati.

DURATA
L'intervento è recente. I fenomeni sono già innescati e appaiono in evoluzione. Non valutabile.

EFFETTI
Miglioramento delle caratteristiche formali, presenza di efflorescenze e fronte di risalita.

SCHEDA N. 21-A

CONDIZIONI DI OSSERVAZIONE

TEMPO DI OSSERVAZIONE
15 minuti + tempo di rilievo

CONDIZIONI AL CONTORNO
Zona riparata dai venti. Si affaccia su un ampio largo. Edificio ben soleggiato.

MODO:

VICINANZA	■
LONTANANZA	□

LUCE	■
OMBRA	□

SOLE	■
NUOVOLOSO	□

PIOGGIA	□
ASCIUTTO	■

FREDDO	□
CALDO	■

LOCALIZZAZIONE

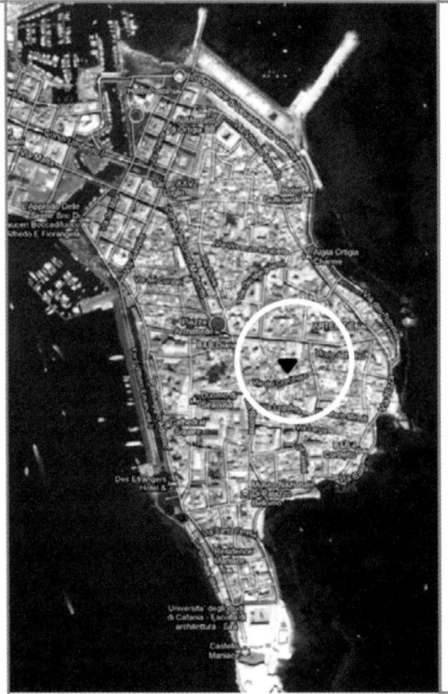

SCHEMA DI FACCIATA

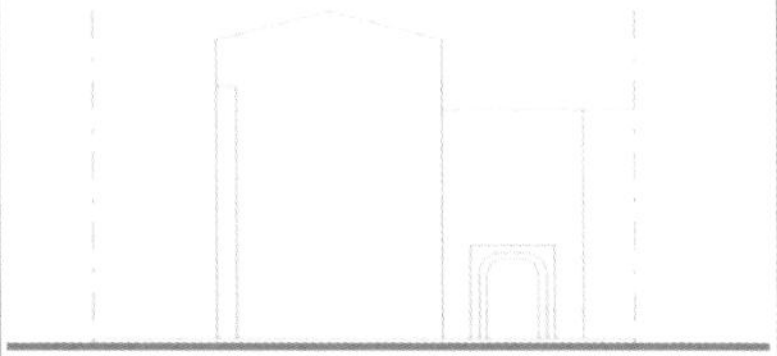

ANAGRAFICA

UBICAZIONE/LOCALIZZAZIONE
Via Logoteta

ELEMENTI DI SUPERFICIE

Manto di protezione: intonaco cementizio.

Rivestimento lapideo: assente.

Elementi a rilievo: calcarenite gialla.

Decorazioni: assenti.

Coloritura: sui toni del giallo.

CARATTERI DELLA FACCIATA

Superficie verticale appartenente a palazzo Midiri. Fronte sul retro. Non sono presenti aperture o elementi architettonici significativi.

CARATTERI DI CONTESTUALIZZAZIONE

ESPOSIZIONE GEOGRAFICA
Nord

SOLEGGIAMENTO

Estivo	h. 4 m. 40
Invernale	h. 3 m. 10

POSIZIONE RISPETTO AL MARE
Riparata.
Distanza m. 200.

POSIZIONE RISPETTO AI VENTI
Esposta a venti frontali e radenti.

SPAZI ANTISTANTI
Si affaccia su un ampio largo abbastanza transitato.

PRESENZA DI TRAFFICO VEICOLARE

Frequente	□
Discreto	■
Raro	□
Assente	□

SCHEDA N. 21-B

CONDIZIONI DI STATO

CONDIZIONI DI STATO **2002**

INTERVENTO DI RECUPERO **2012**

DEGRADI PRESENTI OGGI
Distacco.
Macchie.

DEGRADI PRESENTI NEL 2002
Macchie.

MATERIALI
Pietra: calcarenite gialla, compatta.
Manto di protezione: intonaco cementizio.

CARATTERI DELL'INTERVENTO
Collocazione di un nuovo intonaco e intervento sulla
pietra per la ricostituzione dei conci.

MATERIALI UTILIZZATI
Intonaco cementizio.

LOCALIZZAZIONE

    ☐

Manto di   Rivestimento   Elementi   Decorazioni   Coloritura
protezione   lapideo   a rilievo

TECNICHE UTILIZZATE
È stato posizionato un nuovo intonaco di spessore
superiore a quello precedente. Sono state lasciate a
vista alcune parti in pietra (cantonali) su cui si è
intervenuti. Sono stati colmati con malta cementizia i
vuoti prodotti dall'erosione e dall'alveolizzazione dei
conci lapidei e tale intervento è visibile.

STATO DI CONSERVAZIONE
L'intervento non presenta variazioni nel tempo.
.

INTENSITÀ
Nessuna.

DURATA
L'intervento è stato ben eseguito. Non si individuano
manifestazioni degenerative sulla superficie esterna..
Lo dimostra lo stato di conservazione dei materiali e
degli elementi tecnici.

EFFETTI
Sono presenti lievi fenomeni di distacco e di macchia
in alcuni punti del paramento murario.

SCHEDA N. 22-A

CONDIZIONI DI OSSERVAZIONE	LOCALIZZAZIONE	ANAGRAFICA	CARATTERI DI CONTESTUALIZZAZIONE

TEMPO DI OSSERVAZIONE
20 minuti + tempo di rilievo

CONDIZIONI AL CONTORNO
Zona soggetta a venti radenti provenienti da nord-est. Si affaccia su una strada di discrete dimensioni. Edificio ben soleggiato.

MODO:
VICINANZA ▣
LONTANANZA ☐

LUCE ▣
OMBRA ☐

SOLE ▣
NUOVOLOSO ☐

PIOGGIA ☐
ASCIUTTO ▣

FREDDO ☐
CALDO ▣

SCHEMA DI FACCIATA

UBICAZIONE/LOCALIZZAZIONE
Via Vittorio Veneto

ELEMENTI DI SUPERFICIE

Manto di protezione: intonaco cementizio.

Rivestimento lapideo: assente.

Elementi a rilievo: calcarenite gialla.

Decorazioni: assenti.

Coloritura: sui toni del beige rosato.

CARATTERI DELLA FACCIATA

Edificio a due piani e quattro campate. Il piano terra presenta ingressi con archi in pietra a tutto sesto e a sesto ribassato di diverse dimensioni, al piano primo si trovano tre aperture con balcone a petto e un' apertura con balcone in aggetto e mensole decorate (quarta campata).

ESPOSIZIONE GEOGRAFICA
Nord-est

SOLEGGIAMENTO
Estivo   h. 5 m. 30
Invernale   h. 3 m. 10

POSIZIONE RISPETTO AL MARE
Protetta da edifici.
Distanza m. 30.

POSIZIONE RISPETTO AI VENTI
Esposta a venti radenti.

SPAZI ANTISTANTI
Si affaccia su una strada ampia, mistilinea, transitata.

PRESENZA DI TRAFFICO VEICOLARE
Frequente   ☐
Discreto   ▣
Raro   ☐
Assente   ☐

SCHEDA N. 22-B

CONDIZIONI DI STATO

CONDIZIONI DI STATO **2002**

INTERVENTO DI RECUPERO **2012**

DEGRADI PRESENTI OGGI
Distacco.
Lacuna.
Degrado differenziale (flos tectorii).
Macchia.

DEGRADI PRESENTI NEL 2002
Macchia.

MATERIALI
Pietra: calcarenite gialla, compatta.
Manto di protezione: intonaco cementizio.

CARATTERI DELL'INTERVENTO
Applicazione di intonaco cementizio con inerte di medie dimensioni. Mancanza dello strato di finitura dell'intonaco.

MATERIALI UTILIZZATI
Intonaco cementizio.

LOCALIZZAZIONE

Manto di protezione   Rivestimento lapideo   Elementi a rilievo   Decorazioni   Coloritura

TECNICHE UTILIZZATE
Realizzazione di due strati di intonaco. Tecnica manuale. Il ponteggio è stato rimosso.

STATO DI CONSERVAZIONE
Il precedente intervento non è più visibile; la superficie muraria è stata ricoperta da uno strato di finitura e da una coloritura. Si presume che l'intervento precedente sia rimasto come strato di livellamento.

INTENSITÀ
Stato di degrado avanzato. Intensità dei fenomeni elevata.

DURATA
L'intervento, nonostante il suo completamento, presenta dei fenomeni di degrado di una certa importanza che ne rendono gli effetti poco durevoli. Il tempo trascorso e il completamento dell'intonaco hanno compromesso l'intonaco stesso.

EFFETTI
Sono presenti fenomeni diffusi di polverizzazione del manto, dovuti a vari degradi.

SCHEDA N. 23-A

CONDIZIONI DI OSSERVAZIONE	LOCALIZZAZIONE	ANAGRAFICA	CARATTERI DI CONTESTUALIZZAZIONE

CONDIZIONI DI OSSERVAZIONE

TEMPO DI OSSERVAZIONE
18 minuti + tempo di rilievo

CONDIZIONI AL CONTORNO
Zona riparata dai venti, poco soleggiata. L'edificio si affaccia su una strada molto stretta e poco trafficate.

MODO:
VICINANZA ☐
LONTANANZA ▨

LUCE ☐
OMBRA ▨

SOLE ▨
NUOVOLOSO ☐

PIOGGIA ☐
ASCIUTTO ▨

FREDDO ☐
CALDO ▨

LOCALIZZAZIONE

SCHEMA DI FACCIATA

ANAGRAFICA

UBICAZIONE/LOCALIZZAZIONE
Via Logoteta

ELEMENTI DI SUPERFICIE

Manto di protezione: intonaco a calce.

Rivestimento lapideo: assente.

Elementi a rilievo: calcarenite gialla.

Decorazioni: assenti.

Coloritura: sui toni del rosa.

CARATTERI DELLA FACCIATA

Edificio a tre piani composto da due campate ed ingresso centrale. Al piano terra si trova l'ingresso principale realizzato da un portale in pietra.
Ai piani superiori si trovano due finestre per piano.

CARATTERI DI CONTESTUALIZZAZIONE

ESPOSIZIONE GEOGRAFICA
Nord

SOLEGGIAMENTO
Estivo   h. 4 m. 40
Invernale   h. 3 m. 10

POSIZIONE RISPETTO AL MARE
Riparata.
Distanza m. 200.

POSIZIONE RISPETTO AI VENTI
Riparata.

SPAZI ANTISTANTI
Si affaccia su una strada molto stretta e difficilmente transitabile.

PRESENZA DI TRAFFICO VEICOLARE
Frequente ☐
Discreto ☐
Raro ▨
Assente ☐

SCHEDA N. 23-B

CONDIZIONI DI STATO

CONDIZIONI DI STATO **2002**

INTERVENTO DI RECUPERO **2012**

DEGRADI PRESENTI OGGI
Lacuna.
Disgregazione.
Polverizzazione.
Distacco.
Efflorescenze.

DEGRADI PRESENTI NEL 2002
Lacuna.
Disgregazione.
Polverizzazione.
Distacco.
Efflorescenze.

MATERIALI
Pietra: calcarenite gialla, compatta.
Manto di protezione: intonaco a calce.

CARATTERI DELL'INTERVENTO
Applicazione parziale di intonaco e strato di coloritura su paramento. Formazione di un basamento con materiale cementizio a finitura grezza.

MATERIALI UTILIZZATI
Intonaco a calce realizzato con grossi inerti calcarei.
Malta cementizia.

LOCALIZZAZIONE

   ☐ ☐

Manto di   Rivestimento   Elementi   Decorazioni   Coloritura
protezione   lapideo   a rilievo

TECNICHE UTILIZZATE
Applicazione a mano dell'intonaco a colmare il vuoto lasciato dalla disgregazione del precedente. Applicazione di uno strato di coloritura di colore simile al paramento. Applicazione di uno spesso strato di malta a formare un basamento.

STATO DI CONSERVAZIONE
Non sono presenti variazioni di rilievo rispetto al precedente intervento.

INTENSITÀ
Pressoché invariata.

DURATA
L'intervento ha esaurito la sua durata da tempo.

EFFETTI
Perdita della composizione materica e cromatica del manto di protezione.

SCHEDA N. 24-A

CONDIZIONI DI OSSERVAZIONE	LOCALIZZAZIONE	ANAGRAFICA	CARATTERI DI CONTESTUALIZZAZIONE

TEMPO DI OSSERVAZIONE
12 minuti + tempo di rilievo

CONDIZIONI AL CONTORNO
Cortina muraria che definisce l'Arcivescovado, zona pedonale.

MODO:
VICINANZA
LONTANANZA

LUCE
OMBRA

SOLE
NUVOLOSO

PIOGGIA
ASCIUTTO

FREDDO
CALDO

SCHEMA DI FACCIATA

UBICAZIONE/LOCALIZZAZIONE
Via Santa Lucia alla Badia

ELEMENTI DI SUPERFICIE

Manto di protezione: intonaco cementizio.

Rivestimento lapideo: assente.

Elementi a rilievo: calcarenite gialla.

Decorazioni: assenti.

Coloritura: strato di coloritura difforme dal precedente.

CARATTERI DELLA FACCIATA

Cortina muraria di chiusura realizzata in muratura con doppie lesene e cornici in lastre di pietra.

ESPOSIZIONE GEOGRAFICA
Sud

SOLEGGIAMENTO
Estivo   h. 7
Invernale   h. 5 m. 10

POSIZIONE RISPETTO AL MARE
Riparata.
Distanza m. 200.

POSIZIONE RISPETTO AI VENTI
Riparata dai venti frontali.
Esposta a correnti radenti.

SPAZI ANTISTANTI
Strada di ampiezza limitata, pedonale, rettilinea.

PRESENZA DI TRAFFICO VEICOLARE
Frequente
Discreto
Raro
Assente

SCHEDA N. 24-B

CONDIZIONI DI STATO

CONDIZIONI DI STATO 2002

INTERVENTO DI RECUPERO 2012

DEGRADI PRESENTI OGGI
Disgregazione.
Macchie.
Alterazione cromatica.
Presenza di vegetazione.
Lacuna.
Microflora.

DEGRADI PRESENTI NEL 2002
Lacuna;
Aggiunta di materiale;
Degrado differenziale;
Disgregazione.
Efflorescenze

MATERIALI
Manto di protezione: intonaco a calce

CARATTERI DELL'INTERVENTO
Riconfigurazione della fascia basamentale mancante con elementi in laterizio e rivestimento in malta cementizia.
Applicazione di malta cementizia a colmare i vuoti.

MATERIALI UTILIZZATI
Mattoni di laterizio. Malta cementizia.

LOCALIZZAZIONE

☐	☐	▨	☐	☐
Manto di protezione	Rivestimento lapideo	Elementi a rilievo	Decorazioni	Coloritura

TECNICHE UTILIZZATE
Realizzazione del basamento con mattoni di laterizio. Realizzato con malta di cemento e modellato secondo la forma originaria. Inoltre è stata collocata malta cementizia nelle zone maggiormente depresse del paramento.

STATO DI CONSERVAZIONE
Il precedente intervento è ben visibile. Non ci sono alterazioni di sorta.

DURATA
L'intervento presenta dei fenomeni di degrado di una certa importanza che ne rendono l'intervento poco durevole.

EFFETTI
Si nota solo la presenza di materiale laterizio, ormai esposto all'aria.

INTENSITÀ
I fenomeni di degrado sono similari e non si notano peggioramenti.

Bibliografia

AA.VV. *Enciclopedia filosofica*. Milano: Bompiani Editore, 2006.

AA.VV. *Vocabolario della lingua italiana*. Roma: Istituto della Enciclopedia Italiana, 1997.

ACERRA, L. *Architettura religiosa in Ortigia. Viaggio nella città invisibile.* Siracusa: Ediprint, 1995.

ACOCELLA, A. *L'architettura di pietra. Antichi e nuovi magisteri costruttivi.* Firenze: Alinea Editrice, 2004.

ADORNO, S. ed., *Siracusa identità e storia 1861-1915*. Siracusa: Arnaldo Lombardi Editore, 1998.

ARNHEIM, R. *Arte e percezione visiva.* Milano: Campi del sapere Feltrinelli, 1984.

AUGÉ, M. *Che fine ha fatto il futuro? Dai nonluoghi al nontempo.* Como: Elèuthera, 2009.

AUGÉ, M. *Tra i confini.* Milano: Bruno Mondadori, 2007.

AUGÉ, M. *Rovine e macerie. Il senso del tempo.* Torino: Bollati Boringhieri, 2004.

AUMONT, J. *L'immagine.* Torino: Lindau saggi, 2007.

BALZANI, M. ed., *Restauro, recupero, riqualificazione. Il progetto contemporaneo nel contesto storico.* Milano: Skira editore, 2011.

BEAUMONT, M., *News from Nowhere and the Here and Now: Reification and the Representation of the Present in Utopian Fiction,* Victorian Studies - Volume 47, Number 1, Autumn 2004.

BISCONTIN, G., DRIUSSI, G. eds., *Architettura e materiali del Novecento Conservazione, restauro, manutenzione.* XX Convegno Internazionale Scienza e Beni Culturali Bressanone, Marghera: Arcadia Ricerche Editore, 2004.

BISCONTIN, G., MIETTO, D. eds., *Le pietre dell'architettura. Struttura e superfici.* Padova: Edizioni Progetto, 1991.

BOCCO, A., CAVAGLIÀ, G. *Cultura tecnologica dell'Architettura. Pensieri e parole, prima dei disegni.* Roma:Carocci editore, 2008.

BOLLATI, R., BOLLATI, S. *Siracusa: genesi di una città. Reggio Calabria:* Falzea Editore, 1995.

BOSCARINO, S., GIUFFRÈ, M. eds., *Storia e restauro di architetture siciliane.* Roma: Bonsignori Editore, 1996.

BRANCATO, F. S., SALEMI, B. *Flos tectorii - storia di una ricerca scientifica.* Palermo: Officine Grafiche Riunite, 2006.

BRETON, A. *Interview d'indice.* In: *Position politique du surréalisme*, 1935. In: *Ouvres complètes.* Paris: Gallimard,1992.

CANTONE, F. *Atlante delle forme di degrado. Un percorso di conoscenza per il patrimonio edilizio di Ortigia (SR).* Tesi di dottorato, Università di Genova, 2000.

CANTONE, F., VIOLA, S. *Governare le trasformazioni. Un progetto per le corti di Ortigia.* Napoli :Guida, 2002.

CATERINA, G. *Tecnologie di intervento per il recupero di Ortigia.* Napoli: Liguori Editore, 2003.

CATERINA, G., DE JOANNA, P. *Il Real Albergo de'poveri di Napoli. La conoscenza del costruito per una strategia di riuso.* Napoli: Liguori Editore, 2007.

CECCHI, R., GASPAROLI P. *Prevenzione e manutenzione per i Beni Culturali edificati. Procedimenti scientifici per lo sviluppo delle attività ispettive. Il caso studio delle aree archeologiche di Roma e Ostia Antica.* Firenze: Alinea Editrice, 2010.

CERRONI, F. *Progettare il costruito. Tecnologie per la riqualificazione sostenibile dei siti ad elevata qualità storica ed ambientale.* Roma: Gangemi editore, 2010.

CIORRA, P., MARINI S. eds., *Re-cycle.* Milano: Electa, 2011.

C.N.R., I.N.C.B.C. Comune di Siracusa. *Il Centro Storico di Ortygia. La conoscenza per la manutenzione* [CD.ROM]. Siracusa: 2000.

DELL'ACQUA, A., DEGLI ESPOSTI, V., FERRANTE, A., MOCHI, G. eds., *Paesaggio costruito: qualità ambientale e criteri di intervento.* Firenze: Alinea Editrice, 2008.

DI BATTISTA, V., *Ambiente Costruito*, Firenze: Alinea Editrice, 2006.

DI BATTISTA V., CATTANEI A. eds., *Intonaco terranova. Storia e attualità di un materiale.* Carpi:La Litografica, 2005.

DIERNA, S., ORLANDI F. *Ecoefficienza per la «città diffusa». Linee guida per il recupero energetico e ambientale degli insediamenti informali nella periferia romana.* Firenze: Alinea editrice, 2009.

FANCELLI, P. *Il restauro dei monumenti.* Fiesole:Nardini Editore, 1998.

FIANCHINO, C. *Le pietre nell'architettura.* Documenti 15, I.D.A.U., Università degli Studi di Catania, 1988.

FIORE, V. *Il verde e la roccia. Sul recupero della Latomia dei Cappuccini in Siracusa.* Firenze: Edizioni della Meridiana, 2008.

FIORE, V., DE JOANNA P. eds., *Urban Maintenance as strategy for Sustainable Develompent.* Napoli:Liguori Editore, 2002.

FIORE, V. *La manutenzione dell'immagine urbana.* Rimini:Maggioli Editore, 1998.

FOUCAULT, M. *Les mot set les choses*, Gallimard, Paris 1966, tr. It., *Le parole e le cose. Un'archeologia delle scienze umane.* Milano:Rizzoli BUR Saggi, 1967, ed.10, 2010.

FOUCAULT, M. *Spazi altri. I luoghi delle eterotrofie.* Milano-Udine: Mimesis, 2011.

FUSCO GIRARD, L., FORTE B., CERRETA, M., DE TORO, P., FORTE, F. *eds.*, *The Human sustainable city. Challangers and perspective fron the Habitat Agenda*, Aldershot: Ashgate Publishing, 2003.

GALLO, P. ed., *Recupero bioclimatico edilizio e urbano. Strumenti, tecniche e casi studio.* Napoli: Sistemi Editoriali, 2010.

GANGEMI, V. *Emergenza Ambiente teorie e sperimentazioni della progettazione ambientale.* Napoli: Clean, 2001.

GANGEMI, V. ed., *Architettura e tecnologia appropriata*, Milano: FrancoAngeli, 1984.

GASPAROLI, P., TALAMO, C. *Manutenzione e recupero. Criteri, metodi e strategie per l'intervento sul costruito.* Firenze: Alinea Editrice, 2006.

GASPAROLI, P. *Le superfici esterne degli edifici. Degradi, criteri di progetto, tecniche di manutenzione.* Firenze: Alinea Editrice, 2002.

GIUFFRÈ, A. ed., *Sicurezza e conservazione dei centri storici. Il caso Ortigia.* Bari: Laterza,1993.

GIUFFRIDA, A. *I materiali lapidei tradizionali nell'architettura contemporanea. La pietra di Siracusa.* Tesi di dottorato, Università di Catania, 2011.

GNOLI, C. *Classificazione a faccette*, Roma:AIB, 2004.

GOPINATH, M.A., RANGANATHAN, S. R. *Prolegomena to library classification.* 3. ed., Bombay: Asia Publishing House 1967.

HARVEY, D. *La crisi della modernità.* Milano: Il saggiatore, 1993.

HILMANN, J. *L'anima dei luoghi. Conversazione con Carlo Truppi.* Milano: Rizzoli, 2004.

JOKILEHTO, J. *A history of Architectural Conservation.* Oxford: Butterworth Heinemann, 1999.

JOKILEHTO, J. *ICCROM and conservation of cultutal heritage: a history of organization's first 50 years, 1959-2009.* Roma: International Centre for the Study of the Preservation and Restoration of Cultural Property, 2011.

LAZZARINI, L., LAURENZI TABASSO, M. *Il restauro della pietra.* Padova: Cedam, 1986.

MAGRELLI, B., MEUCCI C. eds., *Degrado e conservazione dei materiali lapidei.* Roma: Edil Roma Service, 2000.

MANZELLI, P. *Intelligenza visiva: percezione del colore*, Progetto LRE-

EGO-CreaNET, Laboratorio di Ricerca Educativa dell'Università di Firenze.

MARANO, A., ROSSI P. *Fare l'architettura con l'intonaco*. Milano: FrancoAngeli, 1997.

MAUCERI, E. *Siracusa antica*. Milano: E. Bonomi, 1914 (La Zincografica).

MAY, J. con REID A., *Architetture senza architetti. Guida alle costruzioni spontanee di tutto il mondo*. Milano: Rizzoli, 2010.

MCLUHAN, M. *Gli strumenti del comunicare*. Milano: Il Saggiatore, 1967.

MEURS, P., VERHOEF, G. W., eds., *World Heritage site of Olinda in Brazil. Proposal for intervention*. Amsterdam: IOS Press, 2006.

MICOCCI, F., PULCINI, G. *Gli intonaci. Materiali, tipologie, tecniche di posatura e finitura, degrado e recupero*. Roma: La Nuova Italia Scientifica, 1991.

MINISTERO PER I BENI CULTURALI, ISTITUTO CENTRALE PER IL RESTAURO, *Diagnosi e progetto per la conservazione dei materiali dell'architettura*. Roma: Edizioni De Luca, 1998.

MONTI, C., RODA, R. eds., *Costruire sostenibile. Il Mediterraneo*. Fiere Internazionali di Bologna. Firenze: Alinea Editrice, 2001.

NARDI, G. *Le nuove radici antiche*. Milano: Franco Angeli, 1986.

NORBERG SCHULTZ, C. *Genius Loci*. Milano: Electa, 1979.

NORMAN, D. A. *Il design del futuro*. Milano: Apogeo, 2008.

OLIMPO, G. *Società della conoscenza, educazione, tecnologia*. TD-Tecnologie Didattiche CNR. Ortona: Edizioni Menab, 2010.

PINTO, M. R. *Il riuso edilizio*, Torino: UTET, 2004.

PONTE, *L'informazione essenziale di Tecnica e Legislazione per costruire*. n.12, Roma: Dei Tipografia del Genio Civile, 2004.

PRIVITERA, S. *Storia di Siracusa*. Siracusa: edizioni EDIPRINT, 1984.

RICCIO, A. *L'ambiente e il degrado dei materiali*. In: BELLINI, A. *ed.*, *Tecniche della conservazione*. Milano: ex fabrica FrancoAngeli, 1986.

ROCCA, E. ed., *Estetica ed Architettura*. Bologna: Il mulino, 2008.

SALA, M. *Recupero edilizio e bioclimatica*. Napoli: Sistemi Editoriali, 2001.

TORSELLO, B. P. *Figure di pietra. L'architettura e il restauro*. Venezia: Marsilio Editori, 2006.

TRUPPI, C. *In difesa del paesaggio. Per una politica della bellezza*. Milano: Electa, 2011.

TUBI, N. *Rilevamento dello stato e tecniche degli interventi di ripristino negli edifici. Costruzioni in cemento armato o in muratura*. I classici dell'edilizia. Santarcangelo di Romagna: Maggioli editore, 2012.

TUBI, N., SILVA, M.P., DITRI, F. *Gli edifici in pietra*. Napoli: Sistemi editoriali, 2009.

UNI 11182:2006 *Materiali lapidei naturali ed artificiali. Descrizione della forma di alterazione - Termini e definizioni*.

UNI 8290:1981, *Edilizia residenziale. Sistema tecnologico. Classificazione e terminologia*.

UNI 11150-3:2005 *Edilizia. Qualificazione e controllo del progetto edilizio per gli interventi sul costruito. Attività analitiche ai fini dell'intervento sul costruito*.

UNI 11156-1:2006 *Valutazione della durabilità dei componenti edilizi. Terminologia e definizione dei parametri di valutazione*.

VALLUZZI, M. R. *Consolidamento di murature in pietra. Iniezione di calce idraulica naturale*. Faenza: Gruppo Editoriale, 2004.

VESPASIANO, F., *La società della conoscenza come metafora dello sviluppo*. Milano: FrancoAngeli Editore, 2005.

YOURCENAR, M., *Il tempo, grande scultore*, Torino: Einaudi ET Scrittori, 1985.

Finito di stampare nel mese di luglio 2012

GANGEMI EDITORE SPA – ROMA

www.gangemieditore.it